PHP
Business Shinsho

数学的思考トレーニング

問題解決力が飛躍的にアップする48問

Shintaro Fukasawa
深沢 真太郎

JN110541

PHPビジネス新書

はじめに――なぜ「いま」数学的思考が必要なのか？

■「正解探し」をやめませんか

とにかくスピードが必要な世の中になったと感じています。

例えば、美味しい料理をデリバリーするサービス。提供する料理の味はもちろんですが、それと同じくらい、速く届けることがお客様の満足度に直結します。

オンラインで会議をするのも、ＩＴツールを使いこなしたいからではありません。そのほうが手っ取り早いからです。

受験、ビジネス、人生……これらすべて、1年前の成功法則すら当てはまらないことも多くなった――。そう思いませんか。


そんな時代に私たちは「正解」を探してはいけないと思います。そもそも「正解」など存在しない。そうではなく、自ら深く、正しく、考えることで答えを出すことが必要な時代になったのです。**答えは探すものではなく自ら作るもの。**そう思っているのは、私だけではないでしょう。

今この原稿を書いているのは、２０２０年の11月です。新型コロナウイルス禍により、社会は劇的に変わりました。ビジネスにおいても「自力」のある会社とそうでない会社との差がはっきりすることでしょう。同じようにビジネスパーソン個々人においても、必要な者とそうでない者の差がはっきりするに違いありません。

そんな時代をまだまだ生きていかねばならない私たちに必要なのは、運や人脈、小手先のテクニックといったものに左右されない、確かな「自力」ではないでしょうか。私はその「自力」とは「自ら深く、正しく、考える力」であると思っています。

（自ら：自　＋　考える力：力　＝　自力）

■数学で使う「頭の使い方」が楽しく身につく本です

答えを出すために自ら深く、正しく、考える。実はこの行為を皆さんはかつて「数学の授業」で経験しています。

だからといって、「大人になった今から数学をまた勉強しましょう」と提案するわけではありません。「学問」が目的の人でなければ、いまさら数学の問題を解く必要はない。でも、数学の問題を解くときに使った「頭の使い方」は身につけておいたほうがいい――これが私の提案です。

具体的には、数学的思考というものを「定義」「分解」「比較」「構造化」「モデル化」の5つの思考法に整理し、その頭の使い方（動かし方）を楽しくトレーニングします。**数学の問題解法ではなく、数学で使う思考法を学べる**ものです。まさに**「自ら答えを出さなければならない世界」で生きる人のための数学的思考**と言えます。

本書との出会いによりあなたが手にするものを3行ではっきり示します。

自分の納得のいく結論（答え）を作れる。
その結果、行動できる。
その結果、豊かさを手にすることができる。

もう少し具体的かつ身近な表現にすると、次のようなメリットがあります。

- 無駄な思考や議論をしないで済むようになる。
- 難しい問題を簡単な問題にすることができる。
- 主観的かつ表層的ではなく、論理的かつ深い考察ができるようになる。
- 別のものに置き換えることで真理・本質を見極めることができる。
- 法則を示すことで説得力ある説明ができるようになる。

なぜそうしたメリットを享受できるのか。著者である私自身のことを少し説明することがその答えになると思っています。

■私を信じてください

私は国内で唯一のビジネス数学教育家。ビジネス数学とは、数学的な思考やコミュニケーションができるビジネスパーソンを育成する教育テーマのこと。大手企業の研修やビジネススクールの講義、書籍やメディアでの発信、ビジネス数学を指導できるインストラクターの育成などが主な活動です。

私もかつて会社員を10年以上にわたり経験しました。新人から管理職まで経験させていただき、働く人がどういう人生を送っているのか身をもって体験しました。だからこそわかることでもありますが、ビジネスパーソンが欲しているものは数学の能力ではありません。仕事で成果を出すためのソリューション（解決法）です。

そして、**多くのビジネスパーソンは「答え」を作る方法を欲しています**。なぜなら、それができなければ自ら行動したり、あるいは誰かを動かしたりすることができないからです。行動できる（させることができる）から成果が出る。成果が出るから豊かになる。先ほど3行で示したものと同じであることに気づいていただけたでしょうか。

加えて、私は学者ではなく教育者です。一般論ですが、学者はあくまでその学問の面白さや奥深さが重要です。しかし教育者は人の変化が重要です。前者は「学問」が主役であり、後者は「人間」が主役。私は後者であり、いかに人をできるようにさせるかを主眼にしているため、あなたが求めるものを提供できる可能性が高いと考えます。

さらに申し上げるなら、私は本業を通してビジネスパーソンのリアルな悩みや感覚を理解しており、このテーマを苦手としている人たち（つまり読者の皆さん）の心情やレベルも熟知しています。本書は、飽きずに楽しく読める問題や事例が散りばめられた一冊となるでしょう。

自己紹介にしては少し冗長だったでしょうか。一言でいえば、「私を信じてください」です。

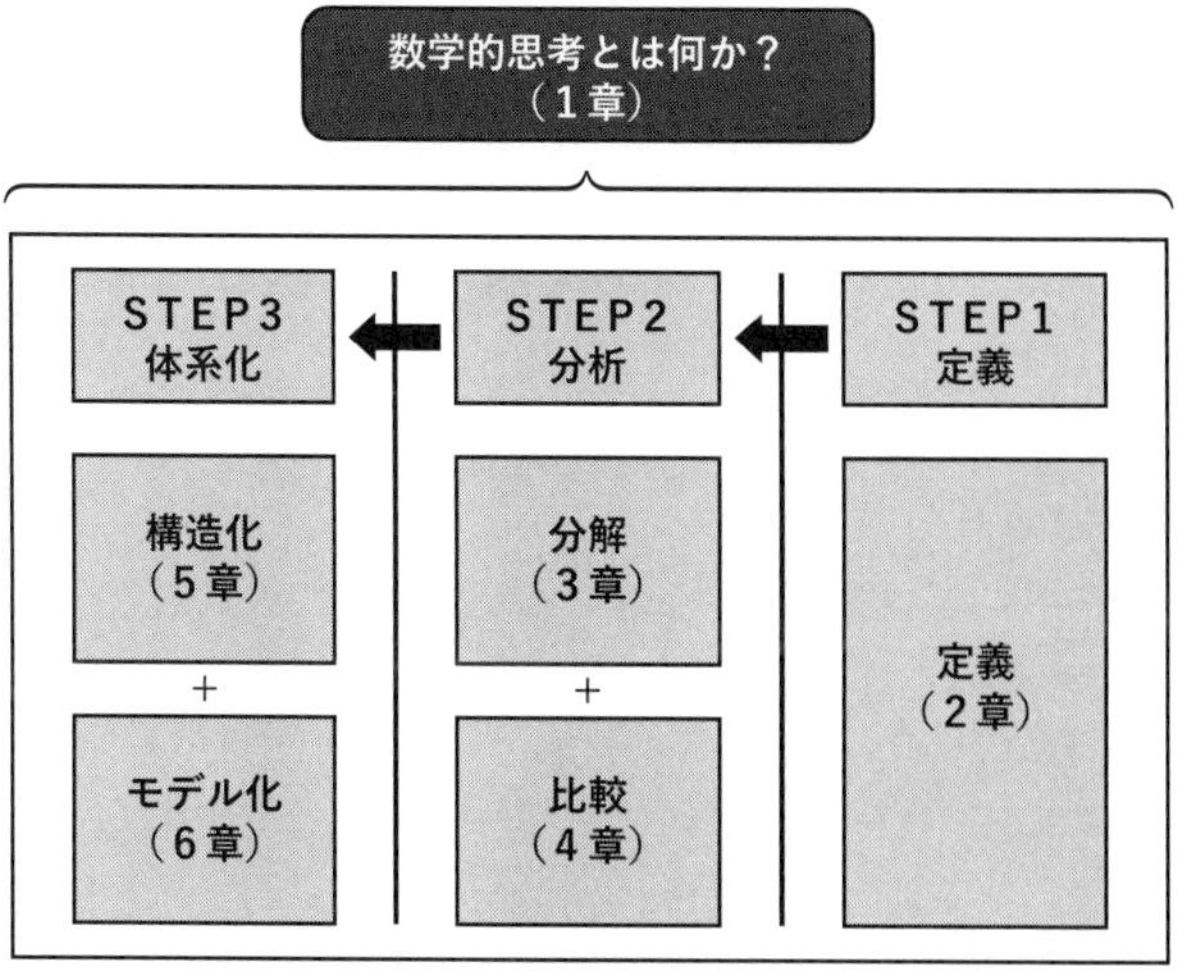

■本書の構成

本書は第1章から第6章までから成ります。

簡単に説明しますと、第1章では数学的思考とはいったい何なのかを明確に示します。先ほどお伝えしたように、その中身は5つの思考法で整理できるものです。

第2章以降でそれぞれについて楽しくトレーニングできるように構成されています。

繰り返しになりますが、本書は数学の学習書ではありません。ゆえに数学に苦手意識のある方でも必ず読める内容になっています。ぜひ楽しみながら読み進めてみてください。

最後に、著者からお願いです。

もし何らかの理由で「思考トレーニング」的なものが苦手という方は、第1章だけでも読んでみてください。

そもそも数学的思考とはいったい何なのか。それを正しく知るだけでも、あなたの人生に少なからず良い影響があることをお約束します。

そろそろ本編へ移りましょう。

成功法則がない。前例がない。レールもない。「必要」と「不要」がはっきりする。そんな未来をもうしばらく生きていく人はたくさんいます。本書を手に取りここまで読んでくださったあなたも、おそらくその一人ではないでしょうか。ぜひこのままページをめくってみてください。

深沢真太郎

本書では、数学的思考をトレーニングするための演習問題を数多く用意しています。ここでいくつか先に紹介しておきますので、もしよろしければ挑戦してみてください。いま答えがまったく浮かばなくてもご心配なさらず。本編でしっかり解説していきます。

Q.もしあなたが会議の進行役だとしたら、その会議で最初に何をしますか？

Q.AIにあなたの信用スコアを判定してもらったところ、「55」という結果が出ました。さて、一言お願いします。で、あなたは何をしますか？

Q.居酒屋における「飲み物」と似ているものを挙げてください。
（一見違うけれど、実は構造が同じもの）

Q.「いい人材」とはどんな人材のことでしょうか？
四則演算の記号（＋－×÷）を使って表現してください。

数学的思考トレーニング●目次

はじめに――なぜ「いま」数学的思考が必要なのか？

第1章 「数学的思考」の正体 ～人生を変える5つの思考回路～

第2章 定義 ～まず何から始めればいいのか～

第3章　分解　～難しい問題は小さく分けて考える～

第4章　比較　〜だから人間には数が必要だった〜

第5章　構造化　～世の中をアナロジーで理解する～

第6章　モデル化　～数学とは関係の科学である～

第1章

「数学的思考」の正体

～人生を変える5つの思考回路～

「問い」から始めよう

数学的思考とは何か。まずはそんな問いから始めたいと思います。
私は人間にとって「○○とは何か」という問いが極めて重要だと思っています。

恋愛とは何か。
就職活動とは何か。
通勤電車とは何か。
……

恋愛とは何かを自分なりにはっきり言語化できている人、つまり自身の恋愛観を持っている人のほうがいい恋愛ができるかもしれません。自分にとって就職活動とは何なのかを明確に答えられる学生のほうが、結果的にいいご縁ができるのではないでしょうか。通勤で満員電車に乗ることを疑問に思ったとき、もしかしたら働き方は劇的に変わるかもしれません。**「○○とは何か」という問いは、人生に大きな影響を与える力があるのです。**

ではあらためて、数学的思考とは何でしょうか。

円周率を１００桁まで覚えることが数学的思考なのか。
２次方程式の解の公式を覚えることが数学的思考なのか。
もっと本質的なことを言えば、かつて学生時代に数学の成績が良かった人には必ず数学的思考が身についているのか。

私の答えはいずれも「ＮＯ」です。

数学的思考の正体。それが第1章のテーマです。その正体を明らかにすることで初めて、私たちは「正しい数学的思考トレーニング」ができます。正しいとはどういうことか。さっそく本題に入ることにしましょう。

「数学的思考」を定義する

ところで数学の特徴とはなんでしょうか。もちろん様々な答えがあります。正解か不正解かなど気にせず、あなたも考えてみてください。私が今まで学生やビジネスパーソンにこの質問をしたときの答えを、いくつか列挙します。

「とにかく計算する」
「必ず正解がある」
「ちょっとでもミスしたら不正解になってしまう」
「一度どこかでつまずくと脱落せざるを得ない」
「公式を覚えればどうにかなる（意外と暗記科目の一面がある）」
「わかる人にはわかるけど、わからない人にはサッパリわからない」
……

私も頷《うなず》く答えばかりです。そういう意味で世の中の皆さんは数学というものをよくご存知だなと思います。これらすべて正解です。それを前提に、私の答えを示すことにしましょう。

「定義をしないと始められない」

数学の最大の特徴は何かと問われたら、私は間違いなくこのように答えます。私の記憶では、同じ答えをおっしゃった学生あるいはビジネスパーソンはこれまで一人もいませんでした。**定義とは定めること。「○○とは〜〜である」と言語化する行為です。**

もしあなたが私の答えに「?」と思ったなら、今までこのような視点や発想がまったくなかったとしたら、きっと本書はあなたに何かをもたらすはずです。なぜなら、視点や発想がまったく違う人間と一緒に楽しくトレーニングをすることになるからです。まったく同じ思考回路の人間の書いた本を読んでも、得るものがあるとは思えませんよね。

さて、話を先に進めましょう。数学は定義をしないと始められません。例えば「三角形の面積を求めなさい」という問題があったとします。あなたはすぐに「底辺×高さ÷2」という計算式を連想したでしょう。でもちょっと待ってください。

「そもそも、三角形とはなんですか？」

あなたはこの問いにどう答えますか。三角形とは何か。サンカクの形をした図形？　ではサンカクとはなんですか？

日常生活では、こんなことを言うタイプは間違いなく嫌われます。しかし、数学においてはここが生命線です。三角形の正体がはっきり言語化できていないのに、三角形の面積を求められるわけがないからです。

この問いに対する数学の一般的な正解は、「同一直線上にない3点と、それらを結ぶ3つの線分から成る多角形」です。三角形という図形の説明に「3つの角《かく》」という表現は要らないのです。実際、三角形の面積を求める計算式は「底辺×高さ÷2」でした。角度という数値は使いません。

ここで申し上げたいことはたったひとつ。数学は定義をしないと始められないものだということ。ゆえに本書においても、まずは「数学的思考」を定義しなければなりません。そうでないと〝始められない〟のです。次の1行が私の定義です。

数学的思考とは「数学をするときに頭の中でする行為」である。

当たり前の内容に感じると思いますが、どうか軽視しないでください。頭の中でする行為ということは、基本的に足の小指は使いませんし、あなたのデスクに置いてある電卓そのものは数学的思考ができない物体であることを意味します。曖昧《あいまい》な状態を許さず言語化する。定義するとはこのようなものなのです。

もしよかったら「面積」を定義してみてください。意外と難しいのではないでしょうか。「面積」を定義する前に、そもそも「面」とはいったい何でしょうかね。

「数学的思考」を数式で説明する

話を前に進めます。私は基本的に何でも結論からお伝えするタイプ。それはこのような書籍の文章はもちろん、企業研修における指導や、インタビューでのコミュニケーションもまったく同じです。ですから、冒頭の「数学的思考とは何か」という問いに対する私の答え（すなわち結論）を、ここで提示してしまいます。

（※）
数学的思考
＝｛定義｝×｛分析｝×｛体系化｝
＝｛定義｝×｛（分解）＋（比較）｝×｛（構造化）＋（モデル化）｝

数式の表現がいきなり登場したことに戸惑われたでしょうか。もちろん丁寧に解説していきます。

まず「＋」と「×」という記号が登場していますが、これは皆さんがよくご存知の「足し算」と「掛け算」の概念だと思っていただいて結構です。「＋」は異なるものを合わせる（まとめる）意味とご理解ください。同じように、「×」は異なるものを組み合わせて相乗効果を生む意味とご理解ください。

例えばトランプの柄は４種類で成り立っています。このことは次のように表現しても差し支えないのではないでしょうか。

トランプ＝♠＋♣＋♡＋◇

ビジネスにおいて異なるものがコラボレーションするとき、その概念を「×」で表現することがあります。例えば、２０２０年６月にアパレルブランドのユニクロとTheory（セオリー）のコラボが発表されましたが、そのときのプレスリリース記事に書かれている表記がこちらでした。

UNIQLO×Theory

異なるものを組み合わせることで相乗効果が生まれるとき、私たちは掛け算をしていると捉えることができます。相乗効果ですから、片方が存在しなければ（ゼロならば）すべてゼロを意味します。先ほどの「UNIQLO×Theory」も、2つのブランドともコラボレーションしたいという意思が存在するから成立するのであって、どちらか一方に相手と組む意思がなければ成立しない。つまりこのコラボレーションは存在しない（ゼロ）ということになります。ゼロにどんな数を掛け算しても答えはゼロ。これはおそらくあなたが認識する掛け算の性質と同じでしょう。

あらためて26ページの（※）をご覧ください。2〜3行目に注目します。すなわち、「定義」「分析」「体系化」の3つは組み合わせる関係にあることを意味します。さらに「分析」は「分解」と「比較」の2つに分けることができ、「体系化」は「構造化」と「モデル化」の2つに分けることができます。

ひょっとすると、このように数字ではなく単語を使って数式のように表現することに違和感を持つ方もいるかもしれませんが、次のような数式と構造的には同じものだと思っていただいて差し支えありません。

154
=2×7×11
=2×(3+4)×(5+6)

154という数は、2、3、4、5、6という5種類の数をまとめたり組み合わせたりすることでできている数です。2と7と11は掛け算の関係にあり、それらのどれかひとつでもゼロ（0）ならば全体もゼロになってしまいます。

話を元に戻せば、数学的思考というものは定義、分解、比較、構造化、モデル化という5種類の概念をまとめたり組み合わせたりすることでできている概念だということです。

「定義」「分解」「比較」「構造化」「モデル化」

さて、私たちは今からこの5種類の概念を理解する必要があります。数学的思考はこの5つから成るのですから、これらを理解しなければ当然ながら数学的思考も理解できないという理屈です。

〈定義〉
定めること。「〇〇とは～～である」と言語化する行為。
（例）お金とは信用である。
（例）お金とは生活するための必需品である。

〈分解〉

細かく分けること。「＋」「－」「×」「÷」で物事の中身を把握する行為。

（例）（売上）＝（客単価）×（客数）

（例）（利益率）＝（売上－費用）÷（売上）

〈比較〉

異なるものを比べること。定量的な大小や定性的な相違を明らかにする行為。

（例）あの二人はどちらが年上か。

（例）あの二人はどちらがイケメンか。

〈**構造化**〉

物事を構造で説明すること。具体的なものを抽象化する行為。

（例）兄と弟の関係は、姉と妹の関係と同じ構造だ（兄：弟＝姉：妹）。

（例）赤道の長さを測ることは、円周の長さを求める問題と同じ構造だ。

〈**モデル化**〉

異なるものを関連づけること。そこから性質を導き一般的なモデルにする行為。

（例）コミュニケーションの量が信頼関係の強さに比例する。

（例）人との接触機会が増えると、感染症の拡大スピードは急増する。

そして、数学的思考とはすべて次の流れで頭を使うものです。

●STEP1 定義：
「今から考える対象Aをはっきり言語化する」
↓
●STEP2 分析（分解＆比較）：
「Aの特徴を探る」
↓
●STEP3 体系化（構造化＆モデル化）：
「Aの姿を（誰が見てもわかるように）明らかにする」

もちろんこの解説だけで完璧に理解することは難しいでしょう。この5つがなぜ数学的思考を構成しているのか。なぜこの3ステップなのか。この説明だけではあまりに具体性がないと思います。このようなとき、私たちは「例」が欲しいと思うものです。

そういえば学生時代の数学の教科書も、イメージが湧かない公式や解き方の解説があって理解に苦しんだ方が多いでしょう。ですからその教科書には、おそらく理解を促すための例題が記載されていたはずです。それと同じように、ここでもいくつか例を挙げることにします。蛇足ではありますが、すなわちこの行為もまた数学的であると言えます。

「数学をする」とはどういうことか

本書の読者の中には学生の方もいるかもしれません。おそらくアルバイトの経験が一度や二度はあるのではないでしょうか。そこでこんな問いを立ててみましょう（ここでもまた「問い」から始まることに気づいてください）。

【演習問題】
「アルバイトの給与」とは何か、数学的に説明してください。

あなたが学生であれビジネスパーソンであれ、おそらくこのような答えを想像したのではないでしょうか。

時給（額）と勤務時間を掛け算したもの

もちろん正解だと思います。私自身これ以外の答えはほぼ想定していません。ここで重要なのは、あなたがいかにしてこの答えを導いたかです。あまりに簡単すぎる問題ゆえに瞬間的に答えを出したかもしれません。しかし実はその間、あなたは頭の中で数学的思考をしていたのです。私が実際にした行為を解説しましょう。

「アルバイトの給与」とは何か、という問いがある

↓

●STEP1 まず「アルバイトの給与」を定義する

「アルバイトの給与」とはアルバイトをすることで得られる報酬である（定義）

↓

●STEP2 「アルバイトをすることで得られる報酬」を分析する

それを決めるものは「時給」と「勤務時間」の2つであると理解する（分解）

↓

●STEP3 どんなアルバイトでも同じように説明できるように体系化する

一般的に「アルバイトの給与」をY、「時給」をA、「勤務時間」をXとすると、YはAとXの掛け算という構造をしている。Y＝AX（構造化）

あるいはこのような行為をしたとも言えます。

「アルバイトの給与」とは何か、という問いがある
←
●STEP１　まず「アルバイトの給与」を定義する
「アルバイトの給与」とはアルバイトをすることで得られる報酬である（定義）
←
●STEP２「アルバイトをすることで得られる報酬」を分析する
それは勤務時間が短いよりも長いほうが金額は大きいものだと理解する（比較）
←
●STEP３　どんなアルバイトでも同じように説明できるように体系化する
一般的に「アルバイトの給与」をY、「時給」をA、「勤務時間」をXとすると、XとYは比例の関係にあり、Y＝AXという型（モデル）で表現できる（モデル化）

おそらくあなたもこのような思考プロセスを踏んでいます。だから私と同じような答え

を出すことができたのです。
このように数学とは定義し、分析し、体系化する行為を指します。より具体的には「定義」「分解」「比較」「構造化」「モデル化」を組み合わせることで答えを出す行為です。26ページで示した（※）の具体例になっていると思うのですが、いかがでしょう。

数学をするときの「頭の使い方」は様々な場面で必要となる

数学をするとは、単なる計算問題を暗記した公式に当てはめて機械的に答えを出す行為ではありません。この例で挙げたような「アルバイトの給与」とは何か、といった問題を深く正しく考え、答えを出す行為なのです。

これからの人生であなたが数学の計算問題を解くことは、ほとんどないでしょう。しかし、**このような頭の使い方を必要とする場面は多々ある**のではないでしょうか。

例えば、ビジネスパーソンなら意思決定を必要とする場面はたくさんあるでしょう。仮にあなたが新卒社員を採用する面接官だとします。採用の可否を判断する、まさに意思決定があなたの仕事です。

おそらくあなたは「いい新卒人材ってどんな人？」という**問い**を立てるのではないでしょうか。仮に「コミュニケーション能力が高くて、3年後もその会社で活躍するイメージが具体的にある学生」と**定義**すると、その条件は「コミュニケーション能力（X）」と「3年後のイメージ（Y）」に**分解**できます。

さらにこのXとYを**比較**し、どちらの優先順位が高いかを評価します。仮にXのほうが優先順位が高いとするなら、結論として「採用する人材の条件はXかつYであり、かつXの素養がより高い人物を優先する」というはっきりした型**（モデル）**ができます。型ができるからあなたは意思決定ができる。すなわち答えを出せるのです。

いかがでしょう。数学の問題を解くことはなくても、数学をするときの頭の使い方は必要とする。もしあなたが**ビジネスパーソンなら、数学的に考えない日など1日たりともない**——これが私の持論です。

余談ですが、数学を理解できた方がよく「数学と哲学は似ていますね」といった類《たぐい》の言及をされます。もしかしたらあなたも、これまでの人生の中でそんなことを言う人物に出会ったことがあるかもしれません。

念のため説明しますと、哲学とは人生・世界、事物の根源のあり方・原理を、理性によって求めようとする学問のことです。

恋愛とは何か。就職活動とは何か。通勤電車とは何か。アルバイトの給与とは何か。いい人材とは何か。

ここまでの十数ページだけでこれだけの「問い」を発していますが、まさに根源のあり方・原理を求めようとするものではないでしょうか。数学と哲学は似ている。その真意はこんなところにあるのです。

ではここまでのおさらいということで、ひとつエクササイズをしてみましょう。

【演習問題】

「このひし形の面積の求め方」を小学生に説明してください。

実際に計算する必要はありません。その説明に「定義」「分解」「比較」「構造化」「モデル化」といったものが使われていることが確認できればＯＫです。ちなみに子供は、「面積ってなぁに？」といった類の質問を平気でしますのでご注意ください（笑）。

【回答例】

41ページの問いがある

↓

●STEP1 まず「面積」を定義する

「面積」とは平面図形の大きさ、広さ、の量のことである（定義）

↓

●STEP2「与えられた図形」を分析する

4つの直角三角形に分解できる（分解）

その4つは同じ面積である（比較）

↓

●STEP3 構造を把握し、面積を求める

その4つを並べ替えることで、この図形はシンプルな長方形に変換できる。

長方形の面積は（縦の長さ）×（横の長さ）であり、図形の面積が求まる

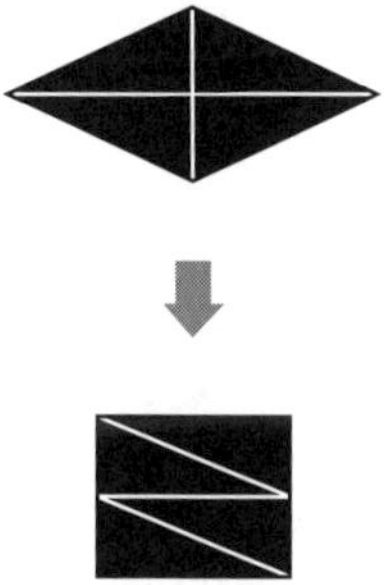

「数学的思考とは何か」の答えを数学的思考で導く

さて第1章の最後に、「この章自体」が数学的であったことも解説しておくことにします。私がこの第1章を執筆するにあたり何をしたのか。つまり、この章の正体を明らかにするものであり、それはすなわち数学的思考の正体でもあります。

「数学的思考とは何か」という問いがある

↓

●STEP1 数学的思考とは「数学をするときに頭の中でする行為」である（定義）

↓

●STEP2 「数学をする」という行為を分析する

その行為は「定義」「分析」「体系化」という3つのプロセスがある（**分解**）

そのうち分析という行為は、「分解」と「比較」の2種類がある（**分解**）

一方、体系化という行為は、「構造化」と「モデル化」の2種類がある（**分解**）

↓

●STEP3 どんなケースでも同じように説明できるよう数学的思考を体系化する

数学的思考とは「定義」「分析」「体系化」を組み合わせて行うものであり、これらは掛け算の構造である（**構造化**）

さらに「分析」における「分解」と「比較」は足し算の構造、「体系化」における「構造化」と「モデル化」も足し算の構造である（**構造化**）

↓
以上より、数学的思考とは一般的に（※）で説明できる

（※）
数学的思考
＝｛定義｝×｛分析｝×｛体系化｝
＝｛定義｝×｛（分解）＋（比較）｝×｛（構造化）＋（モデル化）｝

おそらくあなたは、これがアルバイトの例とまったく同じ構造をしていることにお気づきでしょう。これもまさに構造化。数学的思考というものの構造を明らかにし、どんな問題であっても数学をするときに頭の中ですることは（※）ですべて説明がつくということです。

繰り返しになりますが、最後にあらためてもう一度整理しておきます。

定　義：「Aとはこういうものである」と定める
分　析：Aがどんな性質を持つものかを把握する
体系化：つまりAはこのような構造（モデル）になっているものだと明確にする

「数学をする」とは定義したものを分析し、それを体系化することで誰が見てもわかるように明らかにし、説明する行為なのです。

計算問題を暗記した公式に当てはめて機械的に答えを出す行為ではありません。そのことがあなたに伝わっていると嬉しいです。

「正しい数学的思考トレーニング」とは？

本書を読む前のあなたがイメージする「数学的思考トレーニング」とは次のようなものだったかもしれません。

・ナンプレなどの数字ゲームをひたすらこなす。
・いわゆる論理パズルを使ってひたすら「うーん」と悩む。
・学生時代の教科書や参考書で数学の問題を解き直す。

これらを否定するつもりはありません。意味がないとも申しません。ただ、これらは私の考える数学的思考のトレーニングではありません。冒頭で申し上げた**「正しい数学的思考トレーニング」とは、ここでご紹介した5つの行為を、良質な問いを使って、楽しく訓練すること**です。

本書はここから次のような流れで展開していきます。

第2章　定義
第3章　分解
第4章　比較
第5章　構造化

第6章　モデル化

ここからが本番。ぜひ楽しみながら数学的思考を身につけてください。

第2章

定義

～まず何から始めればいいのか～

「そうであるもの」と「そうでないもの」

数学とは定義をしないと始めることができない学問です。

例えば「素数」という数があります。数学に親しんだ人は、この素数が持つ魅力に美しさやロマンを感じるかもしれません。

しかし、そうでない方はここで次のような当然の問いが生まれます。

「素数って、何？」

素数とは1より大きい自然数で、1と自分自身以外に正の約数を持たない数のことです。「正の約数が2個しかない自然数」と言い換えても差し支えありません。もっとも小さい素数は2。次に小さい素数は3。11も素数です。

さて、ここでのメッセージは「素数の魅力」ではありません。**素数を定義しないことに**

は素数の魅力を探ることも知ることもできないということです。どういうことかを正しく理解していただくため、この定義という行為をもう少し具体化しようと思います。

定義しましょう、定義しなさい。そう言われてもこの定義という言葉自体がよくわからない……そう感じている読者の方もきっといるでしょう。今から私は「定義すること」を定義します。

物事を定義するとは、「そうであるもの」と「そうでないもの」をはっきり分類するルールを明文化することである。

この2行が私の定義です。

例えば先ほどの素数の定義を振り返ると、素数とは1より大きい自然数で、1と自分自身以外に正の約数を持たない数のこと。こう明文化すれば、2は素数（1と2が約数）だけれど、4は素数ではない（1と2と4が約数）ことは誰にも明らかです。

つまり、素数を定義するということは、「素数であって素数でないもの」を存在させない行為とも言えます。

前章で登場した三角形の定義も、仮に「3つの角《かく》から成る図形」と定義してしまうと、次のような図形も三角形ということになってしまいます。もちろんこれは私たちが認識している三角形ではありません。「3つの角から成る図形」という定義では、「三角形」と「三角形ではないもの」をはっきり分類することができないのです。

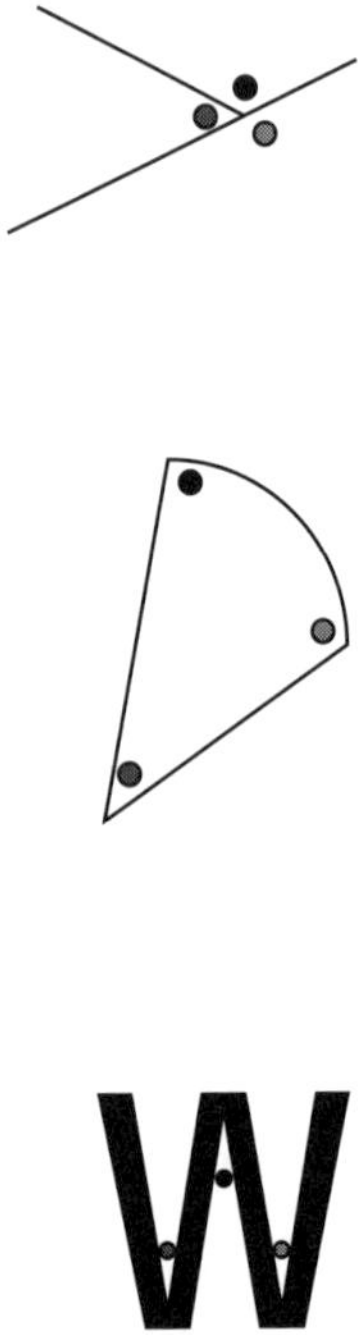

「素数であって素数でないもの」
「三角形であって三角形でないもの」

数学では、このようなものを認めてしまうと学問として成立しません。だから数学では定義が命なのです。もしあなたが数学的思考を身につけたいならば、まずは定義が命だという感覚を持つことからスタートしなければなりません。

この「命」という表現を大げさに感じる方もいるでしょう。しかし、数学の世界と現実の人間社会はまったく違います。現実の人間社会では、はっきり線引きや分類ができないことも多々あります。カレーライスの辛口と中辛をはっきり線引きすることは難しいでしょうし、日本料理かインド料理かをはっきりさせることも難しいかもしれません。

はっきりできない世界で生きている人間が、はっきりさせる行為をする。

これは、あなたが思っている以上に難しいことです。だからスタートの段階で「定義が命である」くらいの感覚を持っていないと、数学的思考を身につけることはできないのです。

あなたがかつて中学校や高校で学んだ数学の授業は、実は定義するとはどういうことかを学ぶ時間でもありました。そのことを、今の学生たちはどれだけ理解できているでしょょうか。学校教育に従事する数学教師の皆様には、ぜひそのことを学生に伝えてほしいと切に願っています。

「定義」をしないと何が起こるのか

ところで、私たちは定義をしないと何が困るのでしょう。もし困らないなら、あなたは本章を読む必要もないですし、そもそも数学的思考など身につける必要もないかもしれません。そこで今から私たちは、定義をしないと何が起こるのかを正しく理解します。

結論から申し上げると、**「共通認識の欠如」**が起こります。そしてそれはしばしば、人を不幸にします。もちろんこれだけでは伝わらないと思いますので、具体例をひとつ挙げましょう。

突然ですが、あなたは「女子会」に行ったことがありますか？
あなたが女性なら一度くらいは行ったことがあるかもしれません。あなたが男性なら、おそらく「NO」と答えるでしょう。何を当たり前のことをと思うかもしれません。しかし私は男性に尋ねてみたい。なぜあなたは「女子会」に行かないのでしょうか、と。

第1章でお伝えしたように、定義とは定めること。「○○とは〜〜である」と言語化する行為です。すなわち、次の1行の空欄を埋める行為に他なりません。

女子会とは、＿＿＿＿＿＿である。

あくまで私の考えで言語化すると、次のようになります。おそらくあなたの認識もこれとほぼ同じではないでしょうか。

女子会とは、女性だけが集まり情報交換や交流を目的に飲食をする短時間の集会である。

これはすなわち、「そうであるもの」と「そうでないもの」をはっきり区別していることに他なりません。当然ですが、女性は「そうであるもの」であり、男性は「そうでない

そうであるもの	そうでないもの
女性	男性
複数名	1名
情報交換や交流	商談やプレゼン
飲食	就寝
数時間	数日間

もの」です。女子会なるものが一般的にこう定義されているから、男性は女子会に行かない（誘われない）のです。

たとえ女性ばかりが集まる会だとしても、誰かが登壇して90分間の講演をするような場はおそらく女子会とは呼びません。それは女性限定の講演会でしょう。女子会はあくまで数時間だけ集まって飲食をするような会を指し、宿泊して就寝も共にするような集まりはおそらく一般的に女子会ではなく女子旅と表現しているはずです。

この例を通して何が言いたいか。それは、「女子会」は正しい定義がある集いだから正しく機能するのだ、ということです。

正しい定義がされていなければ、男性が参加してしまうかもしれません。ビジネス目的で勧誘ばかりしてくる人が参加してしまうかもしれません。それは、「女性だけが集まり情報交換や交流を目的に飲食をする短時間の集会」を望んでいた人を不幸にします。さらに言えば、その集いに参加した人すべてを不幸にします。

このように、私たちの日常において定義をしないと「共通認識の欠如」が起こります。そしてそれはしばしば、人を不幸にします。不幸になりたい人など、おそらく一人もいません。だから、すべての人は定義するという行為を身につけたほうがいいし、誰かのした定義に敏感になっていたほうがいい。私はそう思うのです。

「休日」を定義してください

おそらくあなたは今後の人生において、机上の数学の問題を解く機会は少ないでしょう。ではいつ定義するという行為を必要とするのか。答えはひとつしかありません。日常生活です。

そこで問題です。本書は思考トレーニングが目的であり、読者であるあなたに考えてもらうことが大事です。そういう意味で、いよいよここからが本題だと思ってください。

【演習問題】
「休日」を定義してください。

第1章でお伝えしたように、定義とは定めること。「〇〇とは～～である」と言語化する行為です。すなわち、次の1行の空欄を埋める行為に他なりません。

休日とは、＿＿＿＿＿＿である。

もちろんここに絶対の正解はありません。100人いれば100通りの顔があるように、100通りの答えがあるでしょう。

休日とは、仕事をしない日である。
休日とは、働くエネルギーを蓄える日である。

休日とは、家族サービスというめんどくさい業務が生じる労働日である。
……

重要なのは答えそのものではなく、その答えにたどり着くまでのプロセスです。仮にあなたが「休日とは、仕事をしない日である」と定義したとします。その答えは、このような思考により導いたものではないでしょうか。

そうであるもの＝「休日」にあるもの　＝　仕事をしない時間
そうでないもの＝「休日」にないもの　＝　仕事をしている時間

休日にはいっさい仕事をしないというポリシーを持つ人は、おそらくこのようにして休日を定義しています。そして休日には仕事をせず、休日以外の日に仕事をするというはっきりした線引きをして人生を送ることができます。

一般論ですが、「はっきりしている」ことは良いことです。

休日のスタンスがはっきりしている人は、それだけ理想の休日を過ごせる可能性が高いでしょう。

あるいはビジネスにおけるマーケティングでも、そのビジネスの顧客は誰かがはっきりしているほうが戦略も立てやすいはずです。これはまさに顧客を定義する行為に他なりません。

もしあなたが企業で新卒採用の面接官を担当するとしたら、志望動機がはっきりしている学生とそうでない学生では心証が違うでしょう。

ビジネスでもプライベートでも、「はっきりしている」ことはあなたの人生を豊かにする可能性が高いのです。

・定義は命である。
・定義するという行為は「人生」に大きく影響する。
・定義するとは、「そうであるもの」と「そうでないもの」をはっきりさせること。

ここまでの本書の主張にご納得いただけたでしょうか。

「最初でほぼ決まる」は数学的にも正しい

次はこんな問題をご用意しました。もしあなたがビジネスパーソンなら、このような場面をたくさん経験しているのではないでしょうか。

【演習問題】
もしあなたが会議の進行役だとしたら、その会議で最初に何をしますか？

思い出してみましょう。あなたはこのような場面で、最初に何をしていますか。もちろん「そんなの、会議によるんですけど」とおっしゃる方も多いでしょう。であれば、あなたにとってもっとも重要度の高い会議を想定していただければ結構です。

もし会議の進行役をしたことがない場合は、近い将来にあなたが進行役を務める会議があると仮定してみてください。そして、その会議の最初に何をするかを想像してください。

この問題を通じてお伝えしたいのは、「**その会議を定義できていなければ、その会議で最初に何をするかも決まらないはずである**」ということです。

会議を定義するとはどういうことか。その会議が、ブレスト（ブレインストーミング）の場なのか、あるテーマの意思決定をする場なのか、単なる情報共有をする場なのか、といったことを明確に定めることを意味します。

会議を定義できている人は必然的に目的やゴールも明確です。ゆえにそこから逆算して会議を設計します。逆算を続けていけば、最終的には「この会議で最初にすること」も決まります。

なんとなく企画してなんとなくメンバーを集め、当日も目的やゴールが曖昧な状態で始めた会議は、なんとなくやっただけで終わってしまうでしょう。

「ブレスト」であれば、あなたは最初にその場があくまで発散の場であること、発言ルール、終了時間などを参加者にアナウンスするでしょう。

「意思決定」であれば、決めることがゴールであり、それに関与しない発言はノイズになるのでしないようにと参加者にアナウンスするでしょう。

「情報共有」であれば、その場に議論は要らないこと、発言者は参加者に対して正確に把握することを注意事項としてアナウンスするでしょう。


いずれにせよ、あなたはその会議の最初で重要なアナウンスをすることができます。そしてそれが、その会議の行方や成否を左右する重要な行為であることは言うまでもありません。なぜなら「共通認識の欠如」を防ぐから。その会議の目的やゴールを「はっきりさせる」行為とも言えます。それらが「はっきり」していれば、無駄な思考や議論をしないで済みます。だから、最初に何をするかでほとんどが決まるのです。

この話は会議に限りません。例えば私はビジネスパーソンの研修を本業としていますが、当然ながらその研修にも目的やゴールがあります。そこから逆算してプログラムを設計し、その研修で私が最初に話すこと、参加者が最初にすることも決めているのです。

当然ですが、なんとなくやって終えているのではありません。その研修を定義できていなければ、本来はその研修で最初に何をするかも決まらないはずです。

最初に何をするかでほとんどが決まる。最初に何をするかは定義していないと決めようがない。だから定義が命である。

余談ですが、ビジネスでなくても「最初でほぼ決まる」ということはよくあります。例えば恋愛でも第一印象でほぼ決まるケースも（残念ながら）多いのではないでしょうか。最初がダメなら全部ダメということは意外に多いのかもしれません。ビジネスもプライベートも、「最初」に敏感でいたいものです。

根本から考え直したいときの思考法

数学は必ず定義からスタートします。すなわち、もし定義が変わるようなことがあればその数学の議論は根本から変わることを意味します。

例えば、（現実的にはあり得ないと思いますが）もし来年、世界中で三角形の定義が変わるとします。すると何が起こるか。数学者はまた新たに三角形という図形に対する研究を始めるでしょう。

定義を変える　↓　根本から変わる

これは私たちの日常生活ではよくあることです。例えば先ほどの「休日」の定義について、追加の問題を用意します。

【演習問題】

「休日とは、家族サービスというめんどくさい業務が生じる労働日」と定義している加藤さん（仮名）。あまり休日というものに対してポジティブな印象を持っていない様子です。この加藤さんに、「休日の家族サービス」にポジティブな意味づけを提案したい。あなたならどんな意味づけを考えますか？

もしこの加藤さんが休日を憂鬱に感じているとしたら、あまり幸せなこととは言えません。せっかくならポジティブな意味づけをし、楽しく休日を過ごしてほしいものです。「後ろ向き」を「前向き」に変えるというのは、かなりの劇的な変化。実際にそんなことができるものでしょうか。

私の答えはもちろん「ＹＥＳ」です。そしてその手法はもちろん定義を変えること。なぜなら、定義を変えることは根本から変わることを意味するからです。

さっそく私の考えを述べます。
もし加藤さんが家族というものを「安心して仕事に取り組むための基盤」と定義したらどうなるでしょう。家族との関係が悪化することは仕事にも悪影響を及ぼす可能性がある、と考えるのです。プライベートで夫婦仲が悪い。子供とうまくいっていない。家庭内の空気が悪い。そんな状態が加藤さんの精神にいい影響を及ぼすはずがありません。それはおそらくプライベート以外の時間にも少なからず悪影響を及ぼすでしょう。家庭とは、実は「いい仕事をするための重要なベース」になっていると考えます。

ビジネスパーソンならお気づきかもしれませんが、これはビジネスにおけるインフラと同じ話です。ＩＴならサーバー、飲食店ならキッチンでしょうか。定期的に投資やメンテナンスをしていないと、ある日突然エラーが起こるかもしれない。それはビジネスにおいて致命的なダメージにつながります。

そこで私なら、「休日とは、ビジネスパーソンとしての投資とメンテナンスをする日」という定義に変えてみては、と加藤さんに提案するでしょう。休日の過ごし方や家族への接し方が変わり、「家族サービス」という概念が消えてしまうかもしれませんし、そもそも家族なのですから、「サービス」という考え方が間違っているという価値観に変わる可能性もあります。

人生を変えたければ、定義を変えなさい

「後ろ向き」を「前向き」に変えるほどの劇的な変化を求めるとき、すなわち何かを根本から変えたいとき、私たちは数学的な考え方を活用しています。

例えばこんなテーマを考えてみましょう。

【演習問題】

あなたの後輩である新人が会社を退職したいと申し出てきた。理由を尋ねると、「会社にこき使われるのは嫌だ」とのこと。さて、あなたは先輩としてこの新人を引き止めるために、どう説得を試みますか?

「俺も新人の頃は会社にこき使われたモンだよ」といった言葉では説得になっていないよ

うな気もします。これこそまさに根本から考え直させたい局面ではないでしょうか。

根本から考え直す　＝　定義を変える

この考え方を適用するなら、あなたはこの新人の仕事を再定義する必要があります。私ならこんな言葉をかけるかもしれません。

「今の仕事」を再定義しなさい。会社に使われているのではなく、今は会社を利用していると考えてはどうだろう。今の状況はどうせ「今だけ」だし、先輩社員たちをよく観察して成果を出している人とそうでない人、新人の扱いが上手な人とそうでない人、その違いを新人の目線で分析しなさい。それが来年のあなたの仕事の仕方に直結するし、あなたが新人に向けてアドバイスするときのいいネタになる。「搾取されている場」ではなく「入手している場」、「利用される場」ではなく「利用する場」にしたら？

重要なのは私の答えではなくあなたの答えです。さて、あなたならどうしますか。

ひとつ確かなことは、このような場面でこの新人が再定義できるかどうかは、その後の人生にも少なからず影響するということです。

人生を変えたければ、定義を変えなさい。

私が学生などに授業をするときに発する言葉です。これは学生に限らず誰にでも共通して言えることだと思っています。

あなたももし何かに行き詰まっていたら、「何か違うような気がする」と感じることがあったら、大胆に定義を変えてみると道が開けることもあるかもしれません。

本書は人生を語る自己啓発書ではありませんので、これくらいにしておきましょう。

成果を出せるビジネスパーソンかどうかわかる3つの質問

私は様々な企業の研修に登壇しています。昨今は管理職向けのものも増えました。そんな場で、私が頻繁に使う3つの質問があります。もちろん後で解説しますので、まずはあなたも考えてみてください。そして、この3つの質問に対するあなた自身の答えも用意してください。

【演習問題】

成果が出るビジネスパーソンとそうでないビジネスパーソンでは、次の問いの答え方がそもそも違います。さていったいどんな違いがあると思いますか？

Q１「あなたの仕事はなんですか？」
Q２「それはできていますか？」
Q３「なぜそう言えるのですか？」

成果を問われるこのような質問。働く者にとってあまりいい気分がしないものかもしれません。実際、研修の場でこの3つの質問でワークをすると、参加者の皆さんはとても苦しそうな表情をなさいます。私も十数年間ほどビジネスパーソンを経験しましたから、その気持ちは痛いほどわかります。

しかし私は教育者であり、このような問いをすることによってビジネスパーソンに気づきを与え、行動を変えてもらうことが仕事でもあります。心を鬼にして、参加者に答えを発言していただいています。

さて本題。この問いの答えで何がわかるのか、さっそく解説しましょう。次ページの事例をご覧ください。ある企業の管理職の方がした回答です。結論から申し上げると、成果が出せず伸び悩んでいるビジネスパーソンの典型的な回答例です。

Q1「あなたの仕事はなんですか？」

↓総務部長。メインテーマは部員の働き方を効率的にすること。

Q2「それはできていますか？」

↓まあなんとなく、概ねできたと思う。

Q3「なぜそう言えるのですか？」

↓（未回答）

実はこのワークの本質はQ1の回答内容にあります。質問は3つありますが、私は企業研修で参加者がQ1にどう答えるかしか見ていません。具体的に説明します。

私はまずこの総務部長に、「総務部長という名詞は仕事ではなくただの肩書き（役職名）ですので答えになっていませんよ」と指導をしました。細かいことと思われるかもしれませんが、こういうところにその人物の仕事に対する価値観が端的に表現されます。

この方は残念ながら「総務部長でいること」が仕事だと思っています。「あなたの仕事はなんですか？」という極めてシンプルなこの問いに、迷わず役職名を書いてしまうことがその証明です。

大ヒットするような映画を制作している人たちは、おそらく自分たちの仕事を「映画制作」とは定義していないのではないでしょうか。「映画を通じて人に感動や社会性あるメッセージを届けることが仕事」だと思っているはずです。

続いて「効率的」という表現にも、私はある指導をしました。それは「効率的」とは具体的になんなのかを定義していただくというものです。何をもって効率的とするのか、何がどうなれば効率的と言えるのか。「そうであるとき」と「そうでないとき」がはっきりするような定義をしてほしいと考えたからです。

実際、この総務部長はQ2の回答で曖昧な表現しかできていませんでした。Q3には何も答えられていません。その理由はたったひとつ。Q1での定義の仕方が甘いからです。

私のアドバイスにより、この総務部長は3つの問いに対する答えをこのように変更してくれました。

Q1「あなたの仕事はなんですか？」
↓部員の各タスクを難易度と重要度でスコアリング（X）し、それに所要した時間（Y）で割り算した結果（X÷Y）を仕事の効率と定義する。上半期と下半期でこの数値を比較し、改善度合いを明らかにする。つまり、できるだけ短時間で難易度の高い仕事を処理できるようになったことが明確に数値で測れる。

Q2「それはできていますか？」
↓今年度の上半期と下半期で比較することで評価できる。

Q3「なぜそう言えるのですか？」
↓（X÷Y）の値が増加しているから（あくまで予定）。

効率化という極めて曖昧な概念が具体的になり、できたかどうかがはっきりわかるような内容になりました。すべきことが明確になれば実際の行動の質も良くなりますし、無駄なことをしなくて済みます。効率化されたこともはっきり数値で示せます。

仕事で成果が出せる人、その成果をはっきり周囲に示して認めてもらえる人の回答は私の指導前と指導後のどちらか、もはや言うまでもないでしょう。

加えて申し上げるなら、最初の回答でこの総務部長が「なんとなく」という表現を使っていることにも注目してください。正しい定義をせずになんとなく始めた仕事は、なんとなく終わる。先ほどの会議の話題で申し上げたことと同じです。

この事例から、私があなたにお伝えしたいことはたったひとつです。

自分の仕事をどう定義するかが、その人の仕事の成果を決めている（物事をどう定義するかが、その行方を決めている）。

本章を振り返ってみてください。

「そうであるもの」と「そうでないもの」をはっきりさせることが定義でした。定義をしないと何が起こるか。共通認識が欠如することで、うまくいかないことが生じます。物事はたいてい、最初に何をするかで決まっています。何かを劇的に変えたいとき、根本から考え直す思考法が役に立ちます。根本を変えるとは、定義を変えることです。

これらの内容すべて、先ほどの３つの質問のワークに当てはまることにお気づきでしょうか。

だから先ほどの３つの質問の答え、厳密に言えばＱ１の答えを見れば、その人物が成果を出せるビジネスパーソンかどうかがはっきりわかるのです。それは裏を返せば、Ｑ１の答えが変われば、あなたに劇的な変化が訪れる可能性が生まれることも意味します。

本章の最後に、いくつか問題を預けます。

本書の読者はビジネスパーソンや学生や教員の方など様々だと想像します。あなたにとってアプローチしやすいテーマを選んでいただき、トレーニングのつもりで、ぜひじっくり考えてみてください。

同時にこのようなテーマを考え、正解のない問いに答えを出していくことが人生の豊かさに直結することも感じ取っていただけたら幸いです。

【自習問題】

「受験勉強」とは何か、定義してください。

これを言語化しないまま、なんとなく受験勉強を始めていませんか。なんとなく始めたものは、なんとなく終わるだけです。勉強する科目、方法、期間……すべてこの定義によって決まるものです。

【自習問題】

「家事」とは何か、定義してください。

なぜあなたは家事をするのでしょうか?

そういうものだと思考停止になるのではなく、そもそもから考えてみてください。
例えば、その家事は本当にあなたがしなければならないことでしょうか？

【自習問題】
「ビジネス書」とは何か、定義してください。
なぜビジネスパーソンは読書をするのでしょう？
ビジネス書の「そうであるもの」と「そうでないもの」はなんでしょう？
ちなみに本書はビジネス書でしょうか？

【自習問題】
「数学ができる人」とは何か、定義してください。

教師や弁護士のように資格が存在するものではありません。
では、いったいどんな人のことを指すのでしょう？
あなたの周りにいる「数学ができる人」とはどんな人？

第3章

分解

～難しい問題は小さく分けて考える～

「因数分解」とか「微分」「積分」とか

本題に入る前に、少しだけ学生時代の数学を振り返ります。繰り返しになりますが、教科書的な数学の勉強をしなおすわけではありませんので、数学に苦手意識のある方も安心して読み進めてください。

さっそくですが、因数分解を覚えているでしょうか。

$x^2 - 5x + 6 = (x - 2)(x - 3)$

$x^3 - 7x^2 - 34x + 40 = (x - 1)(x + 4)(x - 10)$

その数（式）を細かく分解することで構造を明らかにする行為です。例えばビジネスでは、（売上）＝（客単価）×（来店者数）×（購買率）といった形に分解して分析をすることがありますが、これも立派な数学的思考です。

続いて次のような図形について、この図形の周りの長さを測る手法、面積を測る手法を考えます。

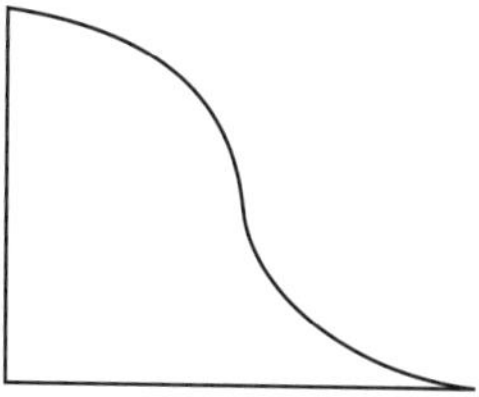

具体的な数値を用意していませんので、実際に計算する問題ではありません。計算する手法を導いてほしい問題です。

まず周りの長さですが、２つの直線部分の長さは定規やメジャーがあれば測ることができます。問題なのは曲線部分ですが、さてどうしましょう。

ひとつの回答例としては、この曲線がとても小さい（あなたの想像よりずっと小さいと思ってください）直線の集まりだと考えます（次ページ上の図）。その小さい直線は文字通り〝まっすぐ〟ですから、長さを何らかの方法で測ることができます。これらを合計すれば曲線部分の長さもわかります。ゆえにこの図形の周りの長さを測ることができます。

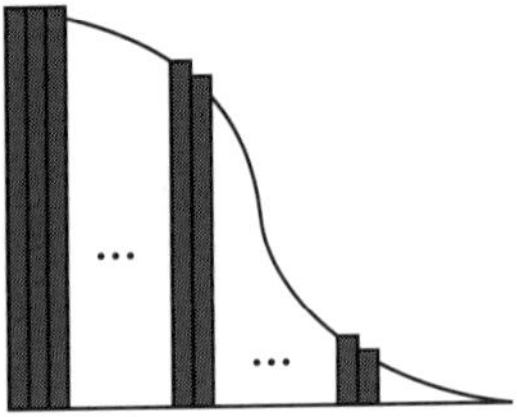

面積についても同じように、この図形がとても小さい（あなたの想像よりずっと小さいと思ってください）長方形の集まりだと考えます（右下の図）。長方形の縦と横の長さは何らかの方法で測ることができるので、それぞれの面積がわかります。ゆえにこれらを合計すれば、この図形の面積も測ることができます。

数学に明るい読者であれば、これが高校数学で学ぶ微分と積分の考え方であること、そしてこの解説が厳密な数学のそれではないことを感じ取っていることでしょう。微分や積分を正しく説明するためには、「限りなく小さく」という概念を使わないといけません。しかし本書は目的が違います。厳密な数学を解説する本ではなく、考え方（つまり思考法）をお伝えするに留めることをご了承ください。

学校数学の話はこれくらいにしましょう。ここで私が申し上げたいのは、因数分解にせよ図形の問題にせよ、その問題を解決するためのアプローチとして、細かく分解するという行為をしたことです。数学とは**「細かく分解することで、わからなかったものが明らかになることがある」**ということを教えてくれる学問でもあります。

なぜ本章はこんな話題からスタートしたのか。このページをめくっていただければすぐにわかります。さっそく本題に入りましょう。

「分析」とは何をすることか

この第3章からテーマが「分析」に変わります。分析するというと、あなたはどんな行為を思い浮かべますか。データをかき集めてエクセルを使ってこねくり回すこと？　あるいはじっと深く考えること？　さっそく私の定義からご紹介しましょう。

「分析する」の定義：
問題解決を目的とし、考える対象についてはっきりさせることである。

まず目的があるということ。例えば、会社の売上が落ちているという問題があったとします。当然ですがその問題を解決したい。この目的があるから、その会社の経営者やマーケティング担当者は数値を把握したり、市場の動向について調査を行ったりします。そして原因を明らかにする、つまりはっきりさせるのです。

ですから、いくら膨大なデータをこねくり回しても、どれだけ長時間じっくり考えても、そもそもそれが問題解決を目的としていなければ、あるいははっきりさせることができなければ、それは分析をしたとは言いません。

さて、この「分析」という言葉には、分けることを意味する「分」という文字が使われていることに注目してください。なぜこの文字が使われているのか、あなたは考えたことがありますか。結論を言えば、**分析とは「分ける」ことがその多くを占める行為**だからです。具体例を挙げましょう。

ご存知のように、人間の血液型は4タイプに分かれます。A型、B型、O型、AB型です。まさに分ける行為。「人間の血液には違いがあるのか」という問題があり、血液は4つに分類できると明らかにした。私たちはこれを分析した結果と言います。

似たようなものとして、いわゆるタイプ別の診断テストも挙げられます。「あなたの性格を分析した結果、あなたは○○タイプです」といった類の診断テストですね。お好きな人も多いのではないでしょうか。これも人間の性格や個性などを分類している、つまり分けることに他なりません。

少し方向性の違う例も挙げましょう。

『いかにして問題をとくか』（G・ポリア著、柿内賢信訳／丸善出版）という名著があります。ポリアは著名な数学者であり、この書籍は数学の問題を解こうとする教師と学生のために書かれたものです。タイトルの通り、問題解決をするにあたりどのように思考すればよいのかを体系立てて解説している教育書であり、現在ではビジネスでも役立つとのことで多くの人に読まれている（くどいようですが）名著です。本書の読者の中にもご存知の方は多いのではないでしょうか。

この書籍の中で著者のポリアは、問題を解くという行為についてこのような整理をしてくれています。

第1に、問題を理解しなければならない。

第2に、データと未知のものとの関連を見つけなければならない。関連がすぐにわからなければ補助問題を考えなければならない。そうして解答の計画を立てなければならない。

第3に、計画を実行せよ。

第4に、得られた答えを検討せよ。

詳細はぜひ読んで確かめていただきたいのですが、ここで申し上げたいのは問題を解くプロセスを4つに分けているということ。4ステップあるとはっきり示している点です。ポリアは「問題を解く」という行為を徹底的に分析したに違いありません。そして、どんな場面でも「問題を解く」という一連の行為は共通してこの4ステップを行うことに他ならない、と明らかにしているのです。

分析するとは「分解」していくこと。本章ではこの「分解」という極めてシンプルな行為についてあなたと一緒に理解を深め、そしてあなたの頭が自然に「分解」をしてくれるようにトレーニングをしていきます。

「素」という字の本質〜なぜ細かく分けるのか〜

分解するなら、それはできるだけ細かいほうがいい――そう提案します。その理由を次の問題を通じて説明します。数学の問題だと思っていただいて結構です。

【演習問題】
「18」と「255255」の共通点を挙げてください。

私の意図した正解は「どちらも3で割り切れる数」です。なんだそんなことか、と拍子抜けさせてしまったでしょうか。高度な数字パズルではなくて申し訳ありません。

さてここで問題にしたいのは、この答えを見つけることができる人は、頭の中で何をするのかということです。結論から申し上げると、素因数分解です。素因数分解とは正の整数を素数の掛け算に分解し、これ以上は細かくできないような状態を作ることです。

18＝2×3×3

255255＝3×5×7×11×13×17

素数の「素」とは「もと」という意味です。ですから、素数とはいろんな数の「もと」になるものであり、その数がいったい何でできているかを表すことになります。つまり先ほどの素因数分解が意味することは、

「18」は「2」と「3」と「3」でできています。

「255255」は「3」と「5」と「7」と「11」と「13」と「17」でできています。

ということです。すると、２つの数字に共通する素（もと）があるということに気づきます。３です。先ほどの問題は「18」と「255255」の共通点を挙げることでした。「どち

らも3で割り切れる数」という答えは、このような思考で導かれます。

私がここで強くお伝えしたいのは、**「18」と「255255」という表面的な情報では問題が解決できない（しにくい）が、細かく分解することで簡単に問題が解決できた**という事実です。

その対象のことを深く知りたければ、細かく分解することでその対象が何でできているかを把握しなさい。つまりその対象の素（もと）を把握しなさい――そういうことを素因数分解は教えてくれているのです。

ここである問いが生まれます。このような考え方は、数学の世界だけにしかないものでしょうか。私の答えはもちろんＮＯ。例えばこんなエクササイズを用意しました。

【演習問題】

あなたの会社の売上高を分解してください。

そして一昨年と昨年の違いを明らかにしてください。

皆さんの会社の業種は様々だと思いますので、ここでは例としてネット通販の会社のケースで考えてみます。おそらくあなたは次のような分解をすることでしょう。

（売上）＝（客単価）×（購入客数）

これら2つが売上高の素（もと）になります。

もちろん、ビジネスによってこれらの素（もと）は変わることになります。だとしても、これはさらに細かく分解することができるでしょう。例えば次のようにです。

（売上）＝（客単価）×（広告接触者数）×（来店率）×（購入率）

※お客様はすべてネット上で広告を見て来店したものとする

こうすることで一昨年と昨年の差がより具体的になります。もしこの会社の売上高が下がっているという問題が生じているとしたら、この4つの素（もと）を比較することでその原因がはっきりし、解決策を具体的に考えることができるでしょう。

例：
（一昨年の売上）＝100(万円)×10,000(人)×0.1×0.01＝1,000(万円)
（昨年の売上）　＝90(万円)×12,000(人)×0.07×0.01＝756(万円)

売上がダウンした大きな要因は来店率の低下。広告接触者数は増加していることから、広告の訴求内容に問題があったと考えられる。

分解するなら、それはできるだけ細かいほうがいい。なぜなら、その対象を深く知るためには、その素（もと）を把握することが有効だから。

冒頭の提案はこのような理由によるものです。今後、様々な問題を通じて分解することをトレーニングしますが、どうか「できるだけ細かく」という感覚を持って臨んでください。

「漏れなく・ダブりなく」はすでに数学で学んでいた

本書をお読みいただいているあなたはおそらく仕事に前向きで、自己成長にとても高い意識を持つ方でしょう。素晴らしいことであり、尊敬いたします。そんなあなたなら、「分解」においては次の大事なルールがあるのをご存知でしょう。

分けるときは、漏れなく・ダブりなく。

ロジカルシンキングを学んだことのある方なら、MECE（ミーシー／Mutually Exclusive, Collectively Exhaustive）というネーミングで認識されているでしょうか。「相互に排他的な項目」による「完全な全体集合」を意味する言葉であり、要するに「漏れなく・ダブりなく」という意味です。

実は数学も、この「漏れなく・ダブりなく」でなければうまくいかないことを教えてくれる学問です。例えばこんな問題を考えてみましょう。

【演習問題】
$2A+3B=20$
となるような自然数のペア（A、B）は何通りありますか？

「まずはAに1を当てはめてBは……」といった超アナログな解き方がエレガントでないことはあなたもきっと感じ取っていただけるでしょう。右辺（イコール記号の右側。ここでは20）が偶数ですから、Bが偶数であることに疑いの余地はないでしょう。したがって

Bに対してこのような場合分けができます。

Bについて場合分け
（ケース1）B＝2のとき
（ケース2）B＝4のとき
（ケース3）B＝6のとき
（ケース4）B＝8のとき
……

しかし、（ケース4）は3×Bの結果が24となってしまいますので、どう考えても右辺が20にはなりません。以降も同様に考えられますので、ここで考えるべきは（ケース1）（ケース2）（ケース3）だけでよいということになります。最終的な回答は次の通りです。

（A、B）＝（7、2）（4、4）（1、6）の3通り

ここで重要なのはこの答えではなく、この答えを得るための思考です。場合分けとは文字通り分けることに他なりません。そして最終的に残った（ケース1）（ケース2）（ケース3）で漏れはありませんし、もちろんダブりもありません。漏れなく・ダブりなく分けるから問題が解決しています。

83ページでご紹介した微分や積分のエッセンスを思い出してください。いずれも細かく分けるという行為をすることで問題が解決した事例ですが、曲線を細かい直線に分解する際に、漏れや重複（ダブり）があると正しく長さが測れません。面積を細かい長方形に分解する際にも、そこに漏れや重複（ダブり）があると正しく面積が見積もれません。

繰り返しですが、私たちは数学という学問を通じて**漏れなく・ダブりなく分けるから問題が解決する**ことを学んでいたのです。今後、様々な問題を通じて分解することをトレーニングしますが、どうか「漏れなく・ダブりなく」が実現できているかも併せて確認する癖をつけてください。

「分解脳」を手にしよう

いよいよトレーニング開始です。まずは身近なテーマからまいりましょう。

【演習問題】
カレーライスを分解してください。

ふざけているわけではありません。真剣にお願いします。カレーライスという食べ物を細かく分解してほしいのです。きっとあなたはこのような分解をすることでしょう。

■カレー
・スパイスＡ　・スパイスＢ　・スパイスＣ

・たまねぎ　・ジャガイモ　・にんじん
・肉　・水

■ライス
・米　・水

あなたは今カレーライスという食べ物を分析しています。こうすることでカレーライスの味を美味しくするためには何が必要か、シーフードカレーを作るためには何を用意すればよいか、といった問題を解決できます。繰り返しますが、これが分析するという行為の基本です。

ではこの感覚が残っているうちに、次の問題に進みましょう。

【演習問題】
プレゼンテーションという行為を分解してください。

あなたが学生であれビジネスパーソンであれ、プレゼンテーションという行為をする機会はきっとあるでしょう。就職活動の面接、企画会議。あなたにとって重要な局面である可能性が高い行為ではないでしょうか。

だからこそ、その行為の中身を明らかにし、「プレゼンで失敗しないためにすべきことは？」という問題を解決したいところです。

例えばこのような分解はいかがでしょう。

■シナリオ作成
・【定義】プレゼンテーションの相手を定義する
・【結論】納得してもらいたい主張を明らかにする
・【根拠】そのための根拠を用意する
・【順序】ストーリーになるように順序を組み立てる

■資料作成
・配布資料
・投影資料

・参考資料

■デリバリー（実際に伝えること）

・【冒頭】まず主旨や目的を伝える

・【本編】作成したシナリオを簡潔に伝える

・【最後】締めに「想い」を伝える

仮にあなたのプレゼンテーションが失敗したとしたら、この分解が失敗の原因を特定するヒントになります。そもそもシナリオが良くなかったのか。資料に致命的なエラーがあったのか。伝え方がまずかったのか。もしシナリオが良くなかったとしたらそれはなぜか。根拠となるデータがなかったから？　組み立てたストーリーに矛盾があったから？……失敗の原因を分析し、今後に向けた改善点を明らかにできるでしょう。

私はこのような思考が自然にできるアタマを**「分解脳」**とネーミングしています。知っていることとできることは天と地ほど違います。ぜひ日々の生活や仕事の中で、できるだけ身近なテーマで、分解脳を手にする訓練をしてみてください。

そのような意味も込めて、次はこのエクササイズをあなたに預けます。

【自習問題】
データを活用してＰＤＣＡサイクルを回すという仕事は、いくつのプロセスに分けられますか？（Ｐ・Ｄ・Ｃ・Ａの４つという回答はちょっと浅すぎます。もう少し細かく分解してください。もちろん漏れなくダブりもなくお願いします）

ビジネスパーソンなら誰もがご存知のＰＤＣＡサイクル。まさに知っていることとできることは天地ほど違うことがよくわかるテーマではないでしょうか。加えて、先ほどご紹介したポリアの事例は「問題を解く」という行為を４つのステップに分けていましたが、このエクササイズとよく似ていることに気づいていただければ幸いです。

ちなみに、私の回答は拙著『徹底的に数字で考える。』（フォレスト出版）にて、「ファクトベースで仕事ができるようになる13の質問」として紹介しています。もしよろしければそちらでご確認ください。

「分解脳」になるためのトレーニング〜定量編〜

トレーニングを続けましょう。こういうものはゲーム感覚で楽しみながらやるのがコツです。「しっかり学ぼう」「ちゃんとやらなきゃ」とは思わないこと。意気込みすぎると、だんだん息苦しくなってきてしまいます。ピンとこないものは途中でやめて、面白そうなものはじっくり考えてみる。そのようなスタンスで結構です。

【演習問題】
あなたの自宅からもっとも近くにあるコンビニエンスストア。1日の売上高はいくらくらいだと思いますか？　概算してみてください。

何をしたらよいかはもうおわかりでしょう。コンビニエンスストアの売上高を分解するのです。

（売上高）＝（客単価）×（客数）

概算とはざっくり見積もることです。とはいえ、分解という行為はざっくりではなくできるだけ細かくお願いします。ぜひあなたなりの分解を考えてみてください。

これ以上は細かくできないと思えるところまで分解できたら、それぞれの要素について直感的に数値を仮定してください。コンビニエンスストアを利用したことがない人はおそらくいないでしょうから、あなたも「たぶんこれくらい」といった感覚で数値を設定できるでしょう。

ちなみに、セブン-イレブン、ローソン、ファミリーマートの１店舗あたり平均日販（１日の売上高）は50万円から70万円とのこと（各社のＩＲ資料より）。近い規模感の数値が見積もれていれば見事にクリアです。

【演習問題】
仕事において「忙しい」「時間がない」が口癖の山田さん。余裕のある働き方ができるようにアドバイスをしたい。さて、あなたなら何をしますか？

まずは山田さんの時間の使い方を分析したいところです。分析とは、分解することでした。さっそく分解してみましょう。

山田さんの1日の平均勤務時間は9時間（540分）であり、その内訳は左上の円グラフの通りです。

もっとも多いのは商談（外出）となります。しかしだからといって商談（外出）を減らしなさいとはアドバイスしにくい。

ここで分解脳を持つ人なら、この商談（外出）をさらに細かく分解してみようとするでしょう。この平均210分のさらに内訳を確認したところ、下の円グラフのようになった

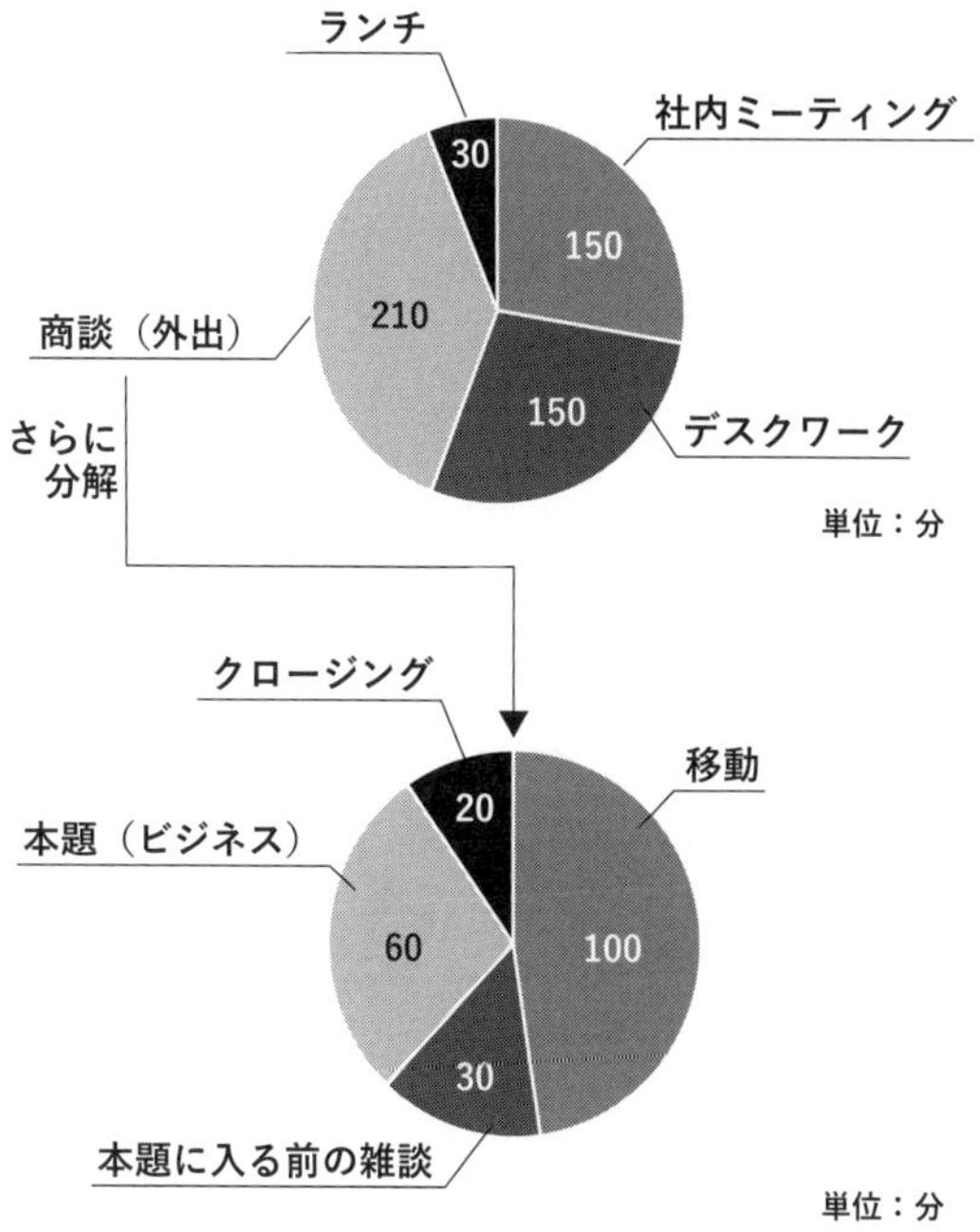

とします。

半分近くが移動に費やされています。ここが問題ではないでしょうか。

加えて本題の前にしている雑談が長すぎるのではないでしょうか。

もちろんその雑談は必要なのかもしれませんが、商談全体の30％近くも使ってする必要があるのでしょうか。

これを踏まえ、私なら山田さんに迷わず（すべてではないにしても）オンライン商談に切り替えることを提案するでしょう。もちろん移動時間の短縮という効果が見込めます。

加えて、オンライン商談にすると、長時間の雑談は気分的に〝しんどい〟気がするのは私だけではないでしょう。簡単に挨拶した後にすぐ本題に入るコミュニケーションにせざるを得ません。

時間を細かく、漏れやダブりなく分解したことで、問題解決のヒントが得られました。

こうして解説をすれば、多くの方は「こんなの当たり前のこと」と思うかもしれません。しかし現実はどうでしょう。**あなたの脳は本当にこのような局面でこのような分解を瞬時にしようとしてくれているでしょうか。**「仕事の仕方が悪いんじゃないの？」「もっと効率的にやる方法を考えなよ」といった表層的な（アドバイスになっていない）アドバイスをして終わっている方も多いように思えてなりません。知っていることとできることは、天地ほど違うのです。

ところで、本項で登場した2つのエクササイズに共通するのは「数字を分解していることと」でした。

しかし、私たちがビジネスや日常生活において分解脳を必要とする相手は数字ばかりではありません。

そこで、私たちは次のステップに進むことになります。

「分解脳」になるためのトレーニング～定性編～

一般的に、「定量」とは物事を数値や数量で表すことができる要素のことを指し、「定性」とは逆に数値や数量で表すことができない要素のことを指します。そういう意味で、前項の2つのエクササイズは定量的なテーマでした。

では、ここからは定性的なテーマで分解脳になるためのトレーニングを続けることにしましょう。少しずつエクササイズの内容が面白くなりますよ。

【演習問題】
あなたには好きな人がいますか？　もしいたらその人を分解してください。そしてできれば、その人のどこが好きなのかを明らかにしてください。もしよかったら、それをそのままその人に伝えてみてはいかがでしょうか。

「人を分解してください」がどういう意味なのかわからない、とおっしゃる方もいるでしょうか。前項のエクササイズで、私たちは山田さんの時間を分解することで「できれば改善したほうがいい」部分を明らかにしました。それとやることはまったく同じと思っていただいて結構です。

あなたが好きなその人は、いったいどんな要素でできているのでしょうか。「要素」という表現には「素（もと）」という字が使われています。その人の素（もと）を明らかにしていただき、それらのうちどこがあなたにとって魅力的なのかを明らかにしてください、という意味です。

ある企業研修でこのエクササイズを行ったところ、一人の若手社員（男性）が自分の恋人である花子さん（仮名）をテーマにして分析をしてくださいました（次ページの図参照）。

まず花子さんを容姿と性格で分けます。続いて容姿を細かく分解します。顔とスタイルと髪型。さらに顔は目と鼻と唇に分ける。スタイルは上半身と下半身に分ける。髪型は前髪とそれ以外に分ける。私にはまったくない発想で、とても面白いなと思ったものです。

一方、性格はON（仕事をしているとき）とOFF（プライベート）で分けます。なるほど、こうすれば漏れもダブりもありません。ONのときはとても仕事に熱心だけど、ちゃんと冷静でクールな一面もあるとか。OFFのときも好きなファッションやグルメなどにとことん情熱を注ぎ込む力強さがある一方、ちょっと繊細で女性らしい一面もある。ご本人曰《いわ》く、花子さんはそのバランスが良いのだそうです。

まとめとして、「目」と「前髪」と「バランスのいい性格」が花子さんの魅力であると

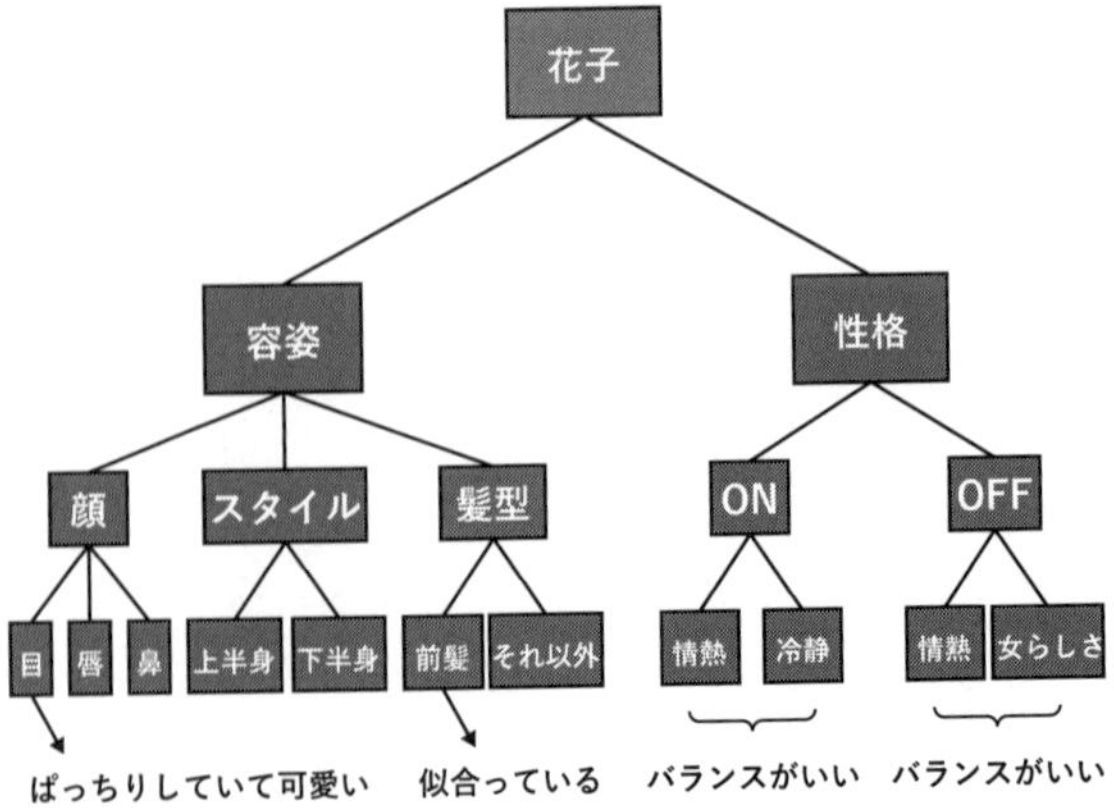

照れながらも説明してくださいました。ごちそうさまです。

このエクササイズは分析対象が「嫌いな人」だと、なかなか頭は動いてくれません。人間とはそういう生き物なのです。しかし、これが「好きな人」となると……。

あなたの大切な人の魅力は？　ぜひ分析してみてください。そしてその結果を、照れずに伝えてあげてください。

本項の最後にさらなるエクササイズを預けておきます。先ほどのエクササイズがいいヒントになるはずです。この俳優さんを選んだことに深い意味はありません。誰もが知っている人物という基準だけで選びました。

【自習問題】

俳優の「木村拓哉さん」を分解してください。もし可能でしたら、今後さらにご活躍されるためのアドバイスをしてあげてください。もちろんその理由も添えて。

人は悩んだとき、数学を使って解決している

そろそろ本章のまとめに入ります。

私たちは難しい問題に直面したとき、どうしたらよいか困ります。ですが、それを解決するためにどうにか頭を動かし、その対象を分析しようと試みます。そんなときにあなたを助けてくれるかもしれない思考法が「分解」です。それは分析するという行為において、支柱と言っても過言ではないでしょう。

私の大好きな言葉をひとつご紹介します。

「難しい問題は小さく分けて考えなさい」

これはルネ・デカルトというフランス生まれの哲学者の言葉であり、デカルトは数学者としても大きな功績を残しています（このことからも、数学は難しい問題を解決するためのヒントを教えてくれる学問だと言えます）。

人は悩んだとき、数学を使ってそれを解決しているのです。

最後に余談を。

2016年に放送されたテレビドラマ『逃げるは恥だが役に立つ』（TBS系）をご存知でしょうか。女優の新垣結衣さんが主演のコメディタッチのラブストーリーであり、一世を風靡したと言っても過言ではないほどの人気を得たドラマでした。

この物語の中で、新垣結衣さん演じる主人公の森山みくりは恋に悩み、自分の気持ちに向き合う局面に遭遇します。そして彼女は電話で最愛の男性にこう伝えます。

「わたし、自分の気持ちを因数分解してみたんです」

たまたまこのシーンを観ていた私は、中年男性にもかかわらず心がキュンとしてしまいました。ただしラブストーリーにではなく、この表現にです。

おそらくこの主人公は自分の心（気持ち）を分析したのでしょう。わからなかったものをはっきりさせるために。「分析する」の定義を思い出してください。「問題解決を目的とし、考える対象についてはっきりさせること」でした。そしてそれは、分解することです。人は難しい問題に直面したとき、数学を使って解決します。本章の内容をたった１行で表現したこのセリフに、私は一人感動していました。

あなたも、この森山みくりと同じことをしてみませんか。本章の最後に、こんなエクササイズをあなたに預けます。

【自習問題】

あなたの仕事での悩みを因数分解してください。そして解決策を導き、ぜひ実践してください。もし難しいようでしたら、次の10ステップを参考にしてみてください。

STEP1　テーマを決めてください。

STEP2　その悩みの主たる原因を明らかにしてください。

STEP3　それを構成する要素、つまり素（もと）を明らかにしてください。

STEP4　その因数分解は、漏れやダブりがないか確認してください。

STEP5　その因数分解の中で、どの素（もと）を改善するか決めてください。

STEP6　それを改善するための具体策を明らかにしてください。

STEP7　あなたが自力でできることとできないことに分類してください。

STEP8　自力でできることは具体的なアクションプランを作ってください。

STEP9　自力でできないことをどうするか決めてください。

STEP10　やってみてください！

第4章

比較

~だから人間には数が必要だった~

もし「数」がなかったら何が起こるか

算数や数学と聞くと、多くの方は「数を扱う勉強」であったと回想するでしょう。そこでまずは「数」とは何かを考えてみます。私たちは普段こんなことを考えません。でも普段はしないことをするからこそ、気づかなかったことに気づいたり、浅い理解だったものが深く理解できたりする。それが貴重な時間を使って本書を読むことの価値だと思います。

「数」とは、何か？

数えるときの言語。計算するもの。量を表現するもの。様々な答えがあると思います。おそらくそれらはすべて正解です。さて私はこの問いを機能の面から考えてみました。「数」とはどんな機能を持つものなのだろうかと。

そこで、もしこの世に「数」がなかったら、何が起こるかを想像してみます。とても難しい想像です。それでも想像してみました。すると私はあることに気づいたのです。結論から申し上げます。

比較ができない。

もし「数」がなかったら、私たちは比較ができないのです。例えば私の年齢は（この原稿を執筆している時点では）45歳です。さてあなたはこの数字を見た瞬間、何をしたでしょうか。おそらくほとんどの方が、なんらかの（年齢という）数字を持ち出して比較をしたのではないでしょうか。

「ああ、この著者は俺と同世代か」
「ワタシとちょうどひと回り違う」
「へー、思ったより若いんだな（おっさんだな）」

1番目と2番目はご自身の年齢と私のそれを比較したのでしょう。3番目はあなたがなんとなく思い描いていた私の年齢と実年齢（45歳）という2つの数字を比較しています。
一方、思い返せば私たちは学生時代に、このような記号を使った表現をたくさん見てきたはずです。

A≧B（AはB以上です）
A＜B（AはBより小さいです）
A＝B（AとBは同じです）

言うまでもなく数学で扱う基本的な表現ですが、これはまさに比較していることに他なりません。「数」の主たる機能は比較することなのです。

本章は「比較」をテーマに述べていきます。物事を分析するための思考法には「分解」と「比較」の2つがある。すでにそう説明していますが、その後半にあたるものと思ってください。

あなたが人生において難しい問題に直面したとき、その対象を分析することでしょう。

そのときに「比較」をすることが本当に有効なのか。楽しくトレーニングをしながら、そのことにご納得いただこうと思っています。

本題に入る前に。

人間関係や人生に悩んだ人に向けて、「比べなくていい。あなたはナンバーワンである必要はない。すでにオンリーワンだから」といった趣旨のことをおっしゃる方がいます。その通りだと思います。比べなくていいと。

比べなくてもいい世界で、それでも比べることを推奨するのが本章です。比べないでいい？　比べたほうがいい？　いったいどっち？

その答えは、「人生においてあなたが勝ちたいと思ったときだけは、比べることから逃げないでください」です。本章の最後で少しだけその点に触れたいと思っています。それでは始めましょう。

複数回の比較が姿を明らかにする

円周率という数値が3.14…であることは多くの方がご存知でしょう。しかし、なぜ3.14…なのか、なぜ2じゃないのか、なぜ4じゃないのか、説明できる人は多くないように思います。

【演習問題】

円周率が2より大きいが4より小さい理由を説明してください。

ただし、（円の面積）＝（半径）×（半径）×（円周率）という事実は知っているものとして使って構いません。

例えば長さ2の正方形（白）、そこに内接する円（グレー）、さらに内接する正方形

（黒）を考えます。白い正方形の面積よりも内接する円の面積が小さく、さらに内接する正方形の面積が小さいことは左図からも明らかでしょう。

正方形（白）の面積＝$2\times2=4$
内接する円（グレー）の面積＝$1\times1\times$円周率
正方形（黒）の面積＝$\sqrt{2}\times\sqrt{2}=2$

正方形（黒）の面積＜内接する円（グレー）の面積＜正方形（白）の面積

よって

$2<$円周率<4

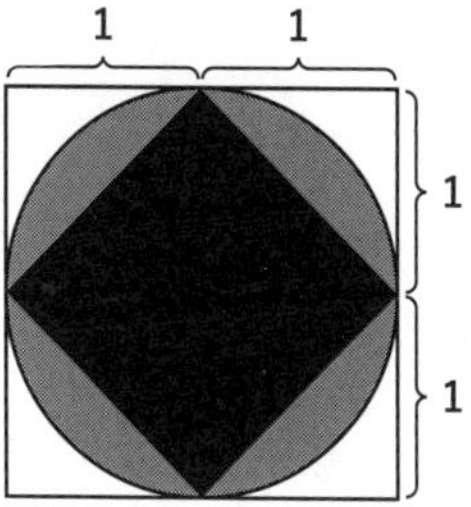

あくまで一例ですが、このような説明ができます。実際はもっと細かい数学的操作を続けることで円周率が3.14…であることを求めます。

ここで重要なのはその厳密な数学的証明ではなく、このような問題を前にどんな行為をしたかです。このエクササイズは円の面積という対象を分析する行為に他なりません。その分析という行為において、ここでは比較することを選択しています。比較したのは、3つの図形の面積（つまり数）です。

ただし、もし正方形（白）の面積と内接する円（グレー）の面積の比較だけしかしなかったら、円周率という数は4より小さいということしか判明しません。

ここではさらに、内接する円（グレー）と正方形（黒）の面積という別の比較もすることで、円周率という数は2よりは大きいことも判明しました。つまり、円周率という数の正体がより具体的になったのです。

複数回の比較が姿をより明らかにする。

これはとても重要なことです。先ほどのエクササイズはこの1行をお伝えするために用意したと言っても過言ではありません。あなたが何かの分析をしたいとき、比較するという選択肢があります。そしてそれは複数回することが精度に直結するのです。

これはおそらくあなたも実感していることではないでしょうか。例えばビジネスパーソンなら、その会社の実績を同じ業界の1社とだけ比較して評価するのと、10社の実績と比較して評価するのとでは、より実態を正確に捉えられるのは後者でしょう。

そろそろエクササイズにまいりましょう。分析するときは「比較する」という選択肢があること、複数の比較をしたほうがいいことをご理解いただければ幸いです。

【演習問題】

AIにあなたの信用スコアを判定してもらったところ、「55」という結果が出ました。

さて、一言お願いします。で、あなたは何をしますか?

ちなみに信用スコアとは、個人の持つ社会的な信用度を数値化したものです。年齢や学歴といった個人特性、資産やクレジットカードでの購買状況といった支払い能力、借り入れ状況や返済履歴といった、個人の様々なデータをもとにスコアリングされます。

一言お願いしますとのことですが、私なら「だから何やねん」でしょうか。私は関西には縁のない人間ですが、よく芸人さんがこの言葉でツッコミをしていることを踏まえて、あえてこの言葉を選択しました。それほどこの捉え所のない数値に対しては、ツッコミたくなる状況だということが伝われば幸いです。

さて、私ならまずこのスコアに最高値（最低値）があるのかどうかを確認します。最高値が70なのか100なのか、あるいは1000なのか。それによってこの「55」の意味がまったく変わります。まさに比較する対象を定めることに他なりません。

そしてこの「55」の正体を掴むために、他にも様々な比較対象を確認しようとするでしょう。同世代の平均値？　職場にいる先輩のスコア？　あなたならどんな比較をしようとするか、考えてみてください。

「分解」↔「比較」

トレーニングを続けましょう。次はこんなエクササイズを用意しました。

【演習問題】

ＴＢＳ系テレビドラマ『半沢直樹（続編）』初回（２０２０年７月19日放送）の「総合視聴率」33・０％という数字をどう評価しますか？

※総合視聴率は、「リアルタイムの視聴率」と録画機器などで放送後１６８時間以内に視聴した割合を示す「タイムシフト視聴率」の合計で、重複分は差し引きます。

※テレビ業界の専門的な分析法を求めるものではなく、あくまで思考法のトレーニングです。

社会現象にもなった有名ドラマ、あなたもその存在はご存知でしょう。例えば私ならこんな比較をするでしょうか。

・同じ枠の他ドラマの初回との比較（どれくらい注目されているか？）
・前作（2013年放送）の初回との比較（どれくらいファンを育成できたか？）
・前作の最終回との比較（どれくらいファンが維持できているか？）
・2013年と2020年のドラマ平均視聴率の比較（一般的なテレビドラマの価値は？）

複数の比較をすることで、この33%という数字の姿が見えてきます。ちなみに、ここで具体的な数値を調べることまではしません。実際にそれはその分野のプロ（ドラマの担当者）がする仕事であり、私たちはその手前の「思考」を練習することが目的です。この33%という数字が良いのか悪いのかという結論を素人が無理やり導くことは、あまり意味のない行為と考えます。

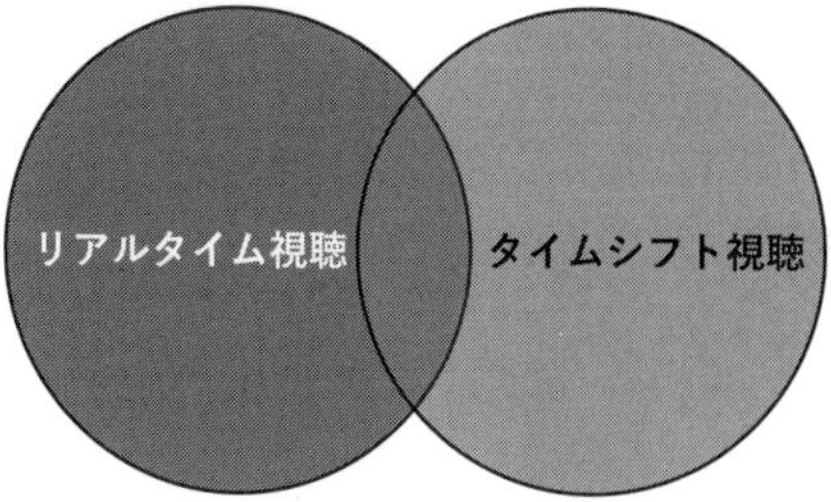

ところで、先ほどのエクササイズは「リアルタイム視聴率」と「タイムシフト視聴率」に分けて数値を比較したほうがより深い分析になると思いませんか。「総合視聴率」という数値だけを表面的に比較しても深い分析ができない。だから細かく分解する。このケースでは、リアルタイム視聴とタイムシフト視聴に分けてから比較をするという行為になります。

ここで強調したいのは、**分解してから比較するほうがより深い分析になる可能性がある**ということです。例えば第3章の92ページに登場したエクササイズを思い出してください。

【演習問題】
あなたの会社の売上高を分解してください。
そして一昨年と昨年の違いを明らかにしてください。

（一昨年の売上）＝1,000（万円）
（昨年の売上）　＝756（万円）

まずはこの2つの数値を比較します。しかしこれだけでは売上が下がったという情報しか得ることができません。だから私たちはここから分解を試みることで、以下のような分析をすることができました。

（売上）＝（客単価）×（広告接触者数）×（来店率）×（購入率）
（一昨年の売上）＝100（万円）×10,000（人）×0.1×0.01＝1,000（万円）

（昨年の売上）　＝　90（万円）×12,000（人）×0.07×0.01＝756（万円）

売上がダウンした大きな要因は来店率の低下。広告接触者数は増加していることから、広告の訴求内容に問題があったと考えられる。

まず比較。そして分解。さらにまた比較。あらためて、分析するという行為は「分解」と「比較」の組み合わせで成り立っていることがおわかりになると思います。

逆にまず分解をし、そして比較をし、必要であればそこからさらに分解をする分析も存在します。第3章の106ページで登場したこのエクササイズを思い出してください。

【演習問題】

仕事において「忙しい」「時間がない」が口癖の山田さん。余裕のある働き方ができるようにアドバイスをしたい。さて、あなたなら何をしますか？

まず山田さんの1日の平均勤務時間＝9時間（540分）を分解し、その内訳を比較し、そこからさらに細かく分解して比較することで問題点を明らかにしました。分析とは、「分解」と「比較」で成り立っていることがご納得いただけるでしょうか。

データを読み解ける人が持つ2つの習慣

「比較」がいかに私たちにとって重要な行為か、別の角度から理解しましょう。
今回の新型コロナウイルス禍が明らかにしたものは、データを正しく読み解く能力がとても重要であるということです。私たちは日々報道される感染者数や陽性率といった数値を、とても表層的に認識して終わっていないでしょうか。

実はこのようなデータを正しく読み解くコツは決して難しいものではありません。高度な数学的理論は必要ありませんし、せいぜい四則演算（＋－×÷）ができれば十分。データを正しく読み解くために必要なことは、次の2つの習慣を身につけることです。

・その比較が妥当かという疑問を持つ習慣
・そのデータの定義を確認する習慣

エクササイズを通じて理解を深めましょう。

【演習問題】
２０２０年８月某日。新型コロナウイルス感染症の感染者数が前日比１５０％、つまり１・５倍となった。あなたはこの結果をどう評価しますか?

このようなときこそ、「その比較が妥当か」という疑問を持つことが重要です。例えば、感染者数を前日と比較することにどれほどの意味があるのでしょう。これが感染症の拡大が始まったばかりであれば、短期の変動を分析することは意味があるかもしれません。
しかし、この感染症は２０２０年の春頃から感染拡大が始まったものです。８月ということはすでに長期化している状態。今後もしばらく付き合っていかなければならない相手であることは明らかです。前日との比較で一喜一憂するのではなく、長期的な視点での比較が妥当ではないでしょうか。

どうしても時系列データとして分析をするのであれば、これまでの週ごと（あるいは月ごと）の平均値で比較することで長期的な傾向が掴め、この先の推移を予測する重要な情報が得られるでしょう。

例えばこの数週間、平均すると前週比が5％ずつ増加しているとするならば、その数字を使うことで、このまま何も策を講じないと半年後には感染者数がどれくらいの規模まで増加するかを予測することもできます。

【演習問題】
新型コロナウイルス感染症のＰＣＲ検査の陽性率が下がれば、感染拡大は抑制されていると評価してよいでしょうか？

感覚的には「YES」と答えたくなりますが、ここで「ちょっと待てよ」と思える癖がついているかどうかが分かれ道です。具体的には「そもそも陽性率の定義は何か」という確認をしてほしいのです。一般的に、陽性率とは以下の通りです。

陽性率＝陽性判明数の移動平均／(陽性判明数＋陰性判明数)の移動平均
※検査機関における結果判明日を基準とする
※集団感染や土日の検査体制などの影響により日々の結果にバラつきがあるため、7日間移動平均により平準化する

シンプルに言えば、検査した人に対する陽性判明数の割合のことです。7日間移動平均とは日別の時系列データにおいてまず始発日から7日間で平均をとり、それを1日ずつずらして平均をとっていくことで細かい変動を平準化し、大まかな傾向を掴む数学的手法で

す。

ここで注目したいのは（当たり前なのですが）、この陽性率の分母はあくまで「検査した人」であることです。このようなときこそ私たちは「比較」の視点を持ちたいものです。すでにお伝えしているように、数値とはそれ単体では「良い・悪い」を評価できないものであり、複数のものを比較することでそれが可能になります。

このケースにおいては、例えば「検査をしていない人の中にも感染している人はいる。つまり検査をしていない人たちの感染率という数値も（実際にデータは残せないが）存在する」という視点です。もしその感染率が検査をした人の陽性率と比較して高いとしたら、いったいどのような解釈が妥当なのでしょうか。

検査した人の陽性率はどれくらい？

（←比較→）

検査していない人の感染率はどれくらい？

	人数	そのうち感染者	陽性(感染)率
検査した	10	4(実数)	0.4
検査しない	90	45(仮数)	0.5
計	100	49	0.49

1カ月後↓

	人数	そのうち感染者	陽性(感染)率
検査した	10	2(実数)	0.2
検査しない	90	54(仮数)	0.6
計	100	56	0.56

ここからは説明をシンプルにするため、検査を受けて陽性だった人と検査を受けていないが実は感染している人のことをほぼ同義として感染者と表現することにし、理解を目的にシンプルなモデルに置き換えて説明します。

例えば極端な話、検査をした人が10人いて、そのうち感染していると思われる人が実際に４人いたとします。一方、検査していない人が90人いて、そのうち感染している人が仮に45人だとします(上の表)。

これが1カ月後、下の表のように変化したとします。検査した人の陽性率は下がっていますが、100人あたりの感染者数ならびに感染率は増加しています。

このように、先ほどの定義による「陽性率」は下がっていますが（0・4↓0・2）、全体として感染者は増加している（49↓56）という可能性も実際にはあるのです。「陽性率」が下がれば感染拡大は抑制されているという評価はとても表層的であり、したがってこのエクササイズにおける私の答えは「NO」となります。

あえてシンプルかつ極端なモデルにして説明しましたが、私がこの2つのエクササイズを通じてお伝えしたかったことは、先ほどもご紹介した次の2つの習慣が身についていると直感的な結論をそのまま採用してしまう可能性が激減する、ということです。

・その比較が妥当かという疑問を持つ習慣
・そのデータの定義を確認する習慣

あなたの直感と実態は必ずしも一致しません。数値を見たときに表層的な分析で終わらないためにも、ビジネスパーソンの方はぜひ身につけておきたい習慣です。

直感的な比較をいかに論理的な比較にするか（その1）

・複数回の比較が必要
・比較と分解を繰り返す
・「比較の妥当性」を疑う
・「データの定義」を確認する

以上がここまでのポイントです。しかしここまでの議論はすべてはっきりした数値が手元にあることが前提のものでした。ＡＩの信用スコアやテレビドラマの視聴率などはまさにそれに該当します。

しかし、私たちが生きている世界は数値では測れないものもたくさんあります。つまりここまでの内容はいわば基本編であり、ここからは応用編となるわけです。

例えば、あなたの知人の中でいちばん優しい人は誰でしょうか。具体的な人物を一人思い浮かべてみてください。ではエクササイズです。次の問いにあなたはどう答えますか。

【演習問題】
その人があなたにとっていちばん優しい人であることを、どうやって説明しますか？

問題の意味がわからないという反応も覚悟しなければならない問いかもしれません。その人物が誰よりも優しいという評価はあなたの直感によるものでしょう。

しかし一方で、「いちばん優しい」とは「もっとも優しい」ということです。お気づきでしょうか。明らかにあなたは比較をしているのです。あなたはいったいどんな比較をしたのでしょう。それを言語化して論理的に説明できる状態にしてほしいのです。

なぜこんな意味不明な（トリッキーな？）エクササイズを用意したかを説明します。このような直感的な比較を第三者にも納得できるように説明できるかどうかは、ビジネスにおいては次のような情報を第三者にも納得できるように説明できるかどうかに直結します。

・部下の仕事を管理徹底できている
・組織が活性化されている
・弊社の強みはホスピタリティ精神です
・うちの会社はどこよりもブランド力がある

このような主張をただ感覚的に言っているだけか、それとも論理的な根拠をもとに語っているか。もしあなたがビジネスパーソンなら、その差は天地ほど違うことをよくご存知でしょう。

・何をもって「管理徹底できている」と言っているのか？
・何をもって「活性化されている」と言っているのか？

・「ホスピタリティ精神」の有無や大小を何で語るのか？
・「ブランド力」っていったい何？

このようなツッコミに論理的に答えることができれば、こうした主張にも説得力が生まれます。そこで私が提案したいのは、定量的なものに置き換える発想を持つことです。

定性的な情報：数の情報ではないので比較が難しい
定量的な情報：数の情報なので比較は簡単にできる
←定性的な情報を定量的な情報に置き換える
←数の情報なので比較は簡単にできる

先ほどのエクササイズとエッセンスは変えず、難易度を下げたものが次の問いです。

【演習問題】
あなたが学生時代にそこそこ優秀であったことを、どうやって説明しますか？

いかがでしょう。これなら説明できる人も多いのではないでしょうか。全国模試で偏差値70をとった、偏差値65・各学年500名の大学で4年間特待生だった、など。これならとても簡単に説明できます。偏差値という数値に置き換え、「ごく普通」を表す偏差値50と比較しているからです。

つまり、定性的な情報を定量的な情報に置き換える思考法さえ身につければ、あなたが比較できる対象は劇的に増えることになるのです。

ではもとのテーマに戻ります。「いちばん優しい」をどう説明するか、考えてみてください。ポイントは数値に置き換えることです。

「いちばん優しい」ということは「〝優しい〟がもっとも多い」と変換しても差し支えないでしょう。優しくされた回数を思い出し、その数がもっとも多い人物のことと定義してもよさそうです。

しかし単にその回数だけで判断するなら、毎日一緒にいる家族が有利です。しかし実際はどうでしょう。毎日一緒にいるけれど、年に2回しか優しくしてくれないXさんと、半年に1回しか会わないけれど必ず優しくしてくれるYさん。いずれも同じ年に2回の優しさを提供してくれる相手ですが、その意味はまったく違うでしょう。

Xさん　優しさ2回　／　365日一緒にいる　＝　2／365
Yさん　優しさ2回　／　半年に一度会う　＝　2／2

このような数値に置き換えて比較すれば、誰がいちばん優しいかを論理的に説明することもできるのではないでしょうか。

直感的な比較をいかに論理的な比較にするか（その２）

このテーマを別の視点で続けましょう。「いちばん優しい」の〝いちばん〟の定義が変われば比較の仕方も変わるはずです。本書ですでに述べたように、数学的思考は定義がスタートですから。

そもそも、いちばん優しい人とはどんなときに優しい人のことなのでしょう。いつも優しいというのもひとつの解釈ですが、その人がもっとも苦しかったとき、悲しかったとき、誰かに助けてほしかったときにいちばん優しかった人という定義も考えられるのではないでしょうか。

「いちばん優しい人」＝「いちばん苦しいときほど寄り添ってくれた人」

そう定義すると、置き換える数値も変わってきます。

例えばこれまで苦しかった出来事をできるだけ思い出します。仮にそれが3つあり、それぞれT1、T2、T3としましょう。そしてそれぞれがどれだけ苦しかったかを5段階で評価してみます。大したことがなければ1。もう二度と味わいたくないほどであれば5とします。ここは主観で数値化して構いません。

T1＝3
T2＝4
T3＝5

加えて、その際に寄り添ってくれた人を思い出します。仮に太田さん、宮本さん、青山さんの3名としましょう。その3名がそれぞれT1、T2、T3のときにどれくらいあなたに寄り添ってくれたか、支えになってくれたかを思い出します。これをあなたがそのとき得た優しさの総量を100％としたとき、それぞれ何％くらいを提供してくれたかを評価してみます。何もしてくれなかったら0％。全体の半分はその人の貢献だったと思えば50％とします。もちろんここも主観で数値化して構いません。

そして、用意した数値を使って3名の「優しさの総合点」を計算してみます。まずは太田さんから計算します。T1は5段階評価における「3」の出来事ですが、そのとき3名からもらった優しさの半分（50％）が太田さんからでした。

3×0.5＝1.5

T2やT3についても同じように考えると、太田さんの「優しさの総合点」は次のようになります。

(3×0.5)＋(4×0.0)＋(5×0.6)＝1.5＋0.0＋3.0＝4.5

以下、宮本さんと青山さんについても同様に計算することで、それぞれの総合点が計算できます。3名の合計点が3と4と5の合計である12であることも確認してください。

この3つの数値の比較により「いちばん優しい人」は太田さんということになります。

出来事	T1	T2	T3	優しさの総合点
度合い	3	4	5	
太田	50%	0%	60%	4.5
宮本	20%	80%	0%	3.8
青山	30%	20%	40%	3.7
計	100%	100%	100%	12.0

結果的にはいちばん苦しかったとき（T3）にもっとも助けてくれた太田さんが「いちばん優しい人」という結果になりました。これは**私たちの直感とも一致する結果**ではないでしょうか。

もちろんここでご紹介した比較の仕方はほんの一例に過ぎません。重要なのは何をもって優しいとするかを定義すること。「優しいとは○○である」をはっきり定めることです。あなたはこの他にどんな比較の方法を考えるでしょうか。

最後にエクササイズを残しておきます。私がコーディネートする企業研修ではお馴染みの演習テーマであり、皆さん脳に汗をかきながら楽しく取り組んでくれます。さて、あなたならどうしますか？

【自習問題】

次のことを説明するための比較法を考えてください。

・昨年よりも部下の仕事を「管理徹底」できている

・昨年よりも組織が「活性化」されている

・弊社は「ホスピタリティ精神」においてはどこにも負けない

・うちの会社はどこよりも「ブランド力」がある

「主観で数値化する」とはどういうことか？

前項で「主観で数値化して構いません」という表現を使いました。客観的なデータや根拠がない状態において、主観でそれを定量的な情報に変換する行為です。難易度の高い行為のように感じるかもしれませんが、意外に私たちは普段から自然にこれをやっています。

例えばあなたも何らかのセミナーに参加し、事後アンケートとして満足度を５段階で評価した経験はないでしょうか。

あなたが先日したプレゼンテーションを思い出してください。もし私が「そのプレゼンテーションは１００点満点のうち何点ですか？」と尋ねたら、おそらくあなたは少し考えた後に何らかの点数（つまり数値）で答えるでしょう。これもまさに主観で数値化する行為と言えます。

（あまり共感されないのが残念ですが）私はこのことをとても面白いと思っています。なぜ面白いかというと、どれくらい満足したかという極めて曖昧な概念にもかかわらず、５段階評価というシステムにした途端にはっきり数値で評価できるからです。

プレゼンテーションの例も同じです。良かったか悪かったかなんてはっきり表現することは本来難しいはずです。ところが「１００点満点のうち何点ですか？」と尋ねると、人間は数値で答えてくれるのです。しかもほぼ１００％の確率で。

5段階で評価したらいくつ？　→　数値ではっきり答えられる
100点満点のうち何点？　→　数値ではっきり答えられる

実は主観で数値化するときに必要なのが基準を設定することです。先ほどの例であればその基準とは次の数値のことを指します。

・最高だったときは5点
・最高だったときは100点

そして人間はこの「最高」と「実際」を比較します。比較してどれくらい「最高」から離れているかを、つまり差を主観で数値化するのです。

・うーん、まあまあだったから3点かな
・90点。マイナス10点は資料の情報量が多すぎたことかな……

後者の90点をつけた理由に注目してください。マイナス10点の内容を明らかにしています。これはパーフェクトなプレゼンテーションとの差を自ら具体的に明らかにしたとは言えないでしょうか。

100点とは評価できない。ならばマイナス要素があったことになる。それはどれくらい大きい（小さい）か、そしてそれは具体的にどんなことなのか――こう考えた結果が、差を明らかにした先ほどの答えになっているのです。

主観で数値化するとは、極めて曖昧な状態を（半ば強引に）はっきりさせることです。数値化のためには、基準を数値で作る必要があります。そしてその基準があれば比較ができき、差を数値ではっきりさせることができます。本章は「比較」をテーマにしてきましたが、要約して本質だけを残すとすれば次の1行に集約されます。

比較とは、差をはっきりさせる機能である。

世の中には定性的かつ曖昧なものはたくさんあります。はっきり線引きすることが難しいこともたくさんあります。もしあなたがこの先の人生においてそんなテーマで分析をしなければならないときがきたら、ぜひ本書の内容を思い出してください。

では最後に次のエクササイズに挑戦してみてください。本章の総合演習だと思っていただいて結構です。

「華がある人」を数学的に分析せよ

【演習問題】

「あの人は華がある」という表現で使われる「華」とは何か。

何かと何かを比較することで、その正体を明らかにしてください。

あなたがビジネスパーソンなら、職場で「華のある人」が一人くらいはいるでしょう。あるいはあなたがもっとも「華のある人」かもしれません。

さて、その「華」とはいったい何でしょうか。私たちはなんとなく直感的にその有無を語っているような気がしてなりません。

実は私もプライベートにおいて親しい人とよくこの話題になります。いい機会なので、今回はその答えを本書で明らかにしてみたいと思っています。さっそく始めましょう。

何かと何かを比較することでその正体を明らかにする。つまりここでは「華がある人」と「華がない人」を比較することになりそうです。

「華がある人」と聞いて、あなたは誰を思い浮かべますか。ちなみに私は113ページでも登場した、あの方が真っ先に思い浮かびました。

木村拓哉さん

そこでまずは木村拓哉さんを基準にします。5段階評価の「5」、100点満点の「1

００」と同じことです。一方、「華がない人」の代表として著者自身を挙げたいと思います。さして大きな特徴のない、ごく普通の40代男性です。

まず私は「華」を構築するものとして「自信」と「仕事での実績」の２つがあると考えました。

服装（ファッションセンス）や容姿（顔の美しさやスタイルといったもの）などを挙げる方も多いでしょう。しかしそれらはとても表層的だなと私は考えました。決してオシャレではないしイケメンでもないけれど不思議と存在感のある男性はいます。パーティー会場で華やかなドレスを身に纏《まと》う淑女はたくさんいますが、彼女たち全員に「華」があるかと問われたら、私の答えは失礼ながら「ＮＯ」です。

さらに私はこの「華」を「自信」と「仕事での実績」の組み合わせで有無や大小が決まるものだと考えました。組み合わせは掛け算の概念ですから、次のように表現して差し支えないでしょう。どちらかがゼロなら「華」もゼロだという考え方です。

「華」＝自信×実績

ここで私は気づきました。

自信のある人とは、実績を出した人ではないかと。実績を出してきたから、その人は自信があるのではないか。だとするなら、この２つは同じことなのではないか。

ではこの「自信×実績」の正体はいったいなんでしょう。私は「努力の量」ではないかと考えます。誰にも負けないと自信を持って言えるほど圧倒的な努力をしてきた人なら、そんな自分に自信が持てるはずです。その圧倒的な努力はきっと仕事での実績にも直結するでしょう。要するに「華」とは、その人の「努力の量」なのではないでしょうか。

「華」＝自信×実績＝努力の量

そこでいよいよ比較をしてみます。

木村さんと私は活動している分野は違います。だから単純に比較はできません。しかしそれでもこの定義をベースに比較を試みます。

私は木村さんほどの努力をしているのだろうか。一瞬で「NO」という答えが頭を駆け巡ります。あれだけ人々が注目し、大きな金銭が動くであろう世界において、私には計り知れないほどのプレッシャーを感じながら、プロとしてパフォーマンスをする。そのための努力の量は、きっと私の比ではないでしょう。

なぜ木村さんには「華」があるのに私にはそれがないのか。私自身がこの一連の思考をすることで深く納得できました。そして「華」という極めて定性的な概念が、気づけば「努力の量」という定量的な概念に置き換えられていることにも感動しました。一人でも多くの方にこの感動が伝わっていると嬉しいです。

このエクササイズを通じて私が再確認できたのは、前項でお伝えしたこの1行がとても本質的であるということです。

比較とは、差をはっきりさせる機能である。

「華」のある木村さんと「華」のない私を数学的思考で比較したとき、ファッションセンスや容姿といった表層的なことではなく、もっと本質的なところの差に気づかされました。世の中には表層的な比較ばかりしている人が多いような気がしてなりません。

もっと深く、もっと数学的に、正しい比較をして、大切なことに気づいていただきたいなと思います。

ところで、あなたのこのエクササイズでの答えは？　巻末にメールアドレスを記載しておきます。ぜひ私にもシェアしてください。一般論として、いろんな考え方や答えを知ることは人間にとって豊かさが広がることです。お待ちしております。

人は比較をしなくても幸福になれるのか

本章の最後に、少しだけ教育者としてのメッセージを添えておきます。

人間関係や人生に悩んだ人に向けて、「比べなくていい。あなたはナンバーワンである必要はない。すでにオンリーワンだから」といった趣旨のことをおっしゃる方がいます。

その通りだと思います。比べなくていいと。

だから本来、私は木村拓哉さんと比較する必要はありません。比較して優劣をつけることにどれほどの意味があるのでしょう。

でも、それでもあなたに比較することを推奨する局面がたったひとつだけあります。あなたが何かに勝ちたいと思ったときです。

どうしてもプレゼンテーションで成功したければ、良いプレゼンテーションと悪いプレゼンテーションを比較しなければなりません。どうしてもオーディションで合格したいなら、あなたとライバルを徹底的に比較して戦略を考える必要があるでしょう。

私たちは勝ち負けなど重要ではない世界で生きていますが、それでも**どうしても勝ちたいと思う局面があったら、そのときは比較することから逃げてはいけない。逃げずに向き合うことが幸福に直結する。**私はそう思っています。そしてそんな局面が誰しも何度かある。それが人生です。

だからもし（現実にはあり得ませんが）私が木村拓哉さんに勝ちたいと本気で思うこと

があれば、木村さんとの比較から逃げません。差を明らかにし、勝つためにすべきことを明らかにし、努力をするのでしょう。自分の幸福を求めて。

エモーショナルな言葉が過ぎたでしょうか。この話はこれくらいにして、次のトレーニングに移りましょう。

第5章

構造化

~世の中をアナロジーで理解する~

数学の「最終目標」は説明できる状態にすること

数学の「最終目標」は何か。そんな問いから始めましょう。

与えられた問題、例えば方程式や図形の問題などの正解を導くこと。もしあなたがそう思っていたとしたら、数学のほんの一端しか知らないことになります。なんともったいないことでしょう。私の答えはこうです。

数学の「最終目標」は、説明できる状態にすること。

例えばあなたが学生時代に開いた数学の教科書にはたくさんの公式が紹介されていたはずです。

・円の面積はこういう計算をすることで求められます。
・三角関数にはこんな性質があって、正弦定理、余弦定理と呼ばれます。

・この美しい等式はオイラーの公式と呼ばれます。
・指数関数を微分するときは、このようなルールで行います。
……

実はこれらはすべて、最初はいったいどうなっているかわからなかったものを誰かがはっきりさせ、そして説明できる状態にしてくれたのです。誰かがそれをしてくれたおかげで数学の教科書があり、そしてあなたはテストで正解を答案用紙に書けたのです。すでに正解がわかっている問題を作業として解くことが数学ではない。そのことを少しだけでも感じ取っていただければ幸いです。

さて、話をビジネスに展開してみましょう。
あなたの仕事に何か問題が生じたとします。例えば売上が下がったなど、なんでもよいでしょう。当然、あなたの仕事はその問題を解決することになります。
しかし最初は原因もはっきりしていない。いったいどうなっているかわからない状態です。あなたはそこから糸口を探り、その問題の原因と解決策を明らかにします。この明らかにするとは、まさに誰かに説明できる状態にすることを意味します。

「別に上司に説明できるほど整理できていないけど、とりあえずそのときの気分でなんとなくやってみた」では通用しないことは、ビジネスパーソンなら誰もがよくご存知でしょう。

つまり、数学とビジネスパーソンの日々の仕事にはある共通点があります。最後は説明できる状態にするというゴールが存在することです。

私はこの「最初はいったいどうなっているかわからなかったものをはっきりさせ、そして説明できる状態にする」ことを「体系化」と定義しています。少しカジュアルな表現をすると、**体系化とは「こうなっていますよ」と言語化すること**です。この言葉の定義はおそらく人によって様々でしょう。あくまでも本書における著者の定義と考えてください。

少し具体例が欲しいところです。例えば本書の目次。これはまさに「この本は、こうなっていますよ」と言語化したものに他なりません。最初はいったいどうなっているかわからなかったものを誰かがはっきりさせ、そして説明できる状態にした。もちろんその誰かとは、著者である私です。

また、様々なジャンルの書籍の売上（売れた数）から、どんな本がベストセラーになりやすいのかを知りたいとします。もし本文で使われている言葉に何かしらの傾向が認められたら、「今の時代に売れる本というものは、こういう言葉が多い（あるいは少ない）ですよ」と説明できます。

数学の「最終目標」は説明できる状態にすること。説明できる状態にすることを体系化と呼び、そして体系化とは「こうなっていますよ」と言語化すること。ここまでの内容、伝わったでしょうか。

体系化は2種類ある

さらに、この「こうなっていますよ」は2種類に分けることができます。

・「こういう構造になっていますよ」（構造化）
・「こういう関係になっていますよ」（モデル化）

人によってはこれを同義に捉える方もいるかもしれませんが、私は分類して説明することにします。そのほうが整理できて実践しやすいからです。具体例を挙げましょう。

・「こういう構造になっていますよ」の例

構造とは〝つくり〟と言い換えてもいいでしょう。例えば先ほどご紹介した本書の目次は、「この本はこういう構造になっていますよ」を表すものと言ってよいでしょう。そして目次とはまさにこの本の〝つくり〟のことを指します。

実際に私たちが数学で学んだ事例も挙げておきましょう。三角形の合同条件を覚えているでしょうか。2つの三角形が合同とは、図形として同じことを意味します。同じとは、重ねたときにぴったり一致することと定義して差し支えありません。

・三つの辺がすべて同じとき
・二辺とその挟む角度が同じとき
・一辺とその両端の角度が同じとき

試験前にこの合同条件を一生懸命覚えた方も多いのではないでしょうか。これも立派な体系化であり、２つの三角形が合同かどうかを判断する手法は３つに分類され、それぞれはこうなっていますと説明しています。

・「こういう関係になっていますよ」の例

こちらも先ほどご紹介した書籍の例を振り返ります。もしも本文における副詞の数が少なければ少ないほど実売部数が多いという傾向が明らかになれば、実売部数と副詞の数に関係があることになり、数学の言語（いわゆる関数）で表現することができるでしょう。

ちなみに、海外では実際に「ベストセラー本には副詞の数が少ない」との調査結果もあります。詳しくは『数字が明かす小説の秘密』（ベン・ブラット著／DU BOOKS）という書籍にて解説されています。副詞とは修飾する役割を持つ言葉であり、ある意味では添え物のような役割とも言えます。いい本は添え物が少ない。余計なものがなくシンプルである。実は数学という学問も説明に無駄な論述や言語があるのは美しくないとされます。大変興味深い内容なので興味のある方は読んでみてください。

さらに私たちが数学で学んだ事例もご紹介しておきましょう。三角関数として知られるsin（サイン）とcos（コサイン）を覚えているでしょうか。数学に前向きになれなかった方にとっては、「こんなものがいったい何の役に立つの？」という疑問を生む代表格かもしれません。どう役立つかについては別の学び直し本に解説を譲るとして、本書ではこのsin（サイン）とcos（コサイン）についての関係に言及しておきます。

$$\sin(\alpha+\beta)=\sin\alpha\cos\beta+\cos\alpha\sin\beta$$

これは三角関数の加法定理と呼ばれますが、まさにsin（サイン）とcos（コサイン）の関係を明らかにして説明しています。これを使って計算をすることが数学なのではなく、sin（サイン）とcos（コサイン）の関係を科学することによって「こうなっていますよ」と説明するところまでが本来の数学なのです。

あなたもかつて数学の授業で「○○定理を証明しなさい」という問題に遭遇したことがあるでしょう。「なんですでに正しいとわかっていることをわざわざ証明しなきゃならないの？」と疑問に思ったことはありませんか。おそらくその疑問は、今この瞬間に解消されているでしょう。

〝つくり〟を明らかにするトレーニング

いよいよここからが本題。本章では「こういう構造になっていますよ」と説明する行為についてトレーニングをしていくことにします。以降、この行為を**構造化する**と表現します。

繰り返しになりますが、構造とは〝つくり〟のことです。ここからは理屈を解説するよりもできるだけたくさんのエクササイズを体験していただき、その感覚を掴んでいただければと思います。ぜひ楽しみながら読み進めてください。

【演習問題】
あなたの自宅を構造化してください。

すなわち、〝つくり〟を明らかにしてくださいということです。とても考えやすいテーマではないでしょうか。

ポイントは、あなたの家をできるだけ「塊」で捉え、そしてそれらの「塊」の位置を明らかにすることです。

例えばまず玄関があり、キッチンも兼ねる大きなリビングダイニングがあって、寝室があって、バストイレは別。ここまでで「塊」は5つあります。

玄関を入るとすぐにバスルームとトイレが別々にあり、その奥に進むとリビングダイニング、さらに奥に寝室がある。そんな位置関係だとすると、この家は上の図で〝つくり〟を説明することができそうです。この家は、「こうなっていますよ」と。

書籍の目次がその本の構造を表現していることは何度もご説明してきました。第1章の次に第2章があり、そのあとは「こうなっていますよ」と。ですから私は本書の目次を作る（考える）とき、このエクササイズでしていることとまったく同じことをしているのです。なんだかこの図は書籍の目次に似ている。そんな捉え方は少々強引でしょうか。

ではこの感覚が残っているうちに、次のエクササイズにまいりましょう。


【演習問題】

あなたの人間関係を構造化してください。

そしてあなたの「対人関係のストレス」の正体を明らかにしてください。

（そんなものはないという方は2行目は無視してください）


私もやってみます。まずは家族。何より大切な人間関係でしょう。

次にプライベートでの知人。40代も半ばになり、（あくまで私の場合ですが）プライベートで人と会うことが激減しました。現実的に付き合っているのは学生時代の友人とそれ以外のごくわずかな友人。

そしてもっとも多いのが実はビジネスに関連する人脈です。実際にビジネスをするパートナー。そして意外に多いのが同じ教育業界、研修業界、ビジネス書の世界で切磋琢磨し

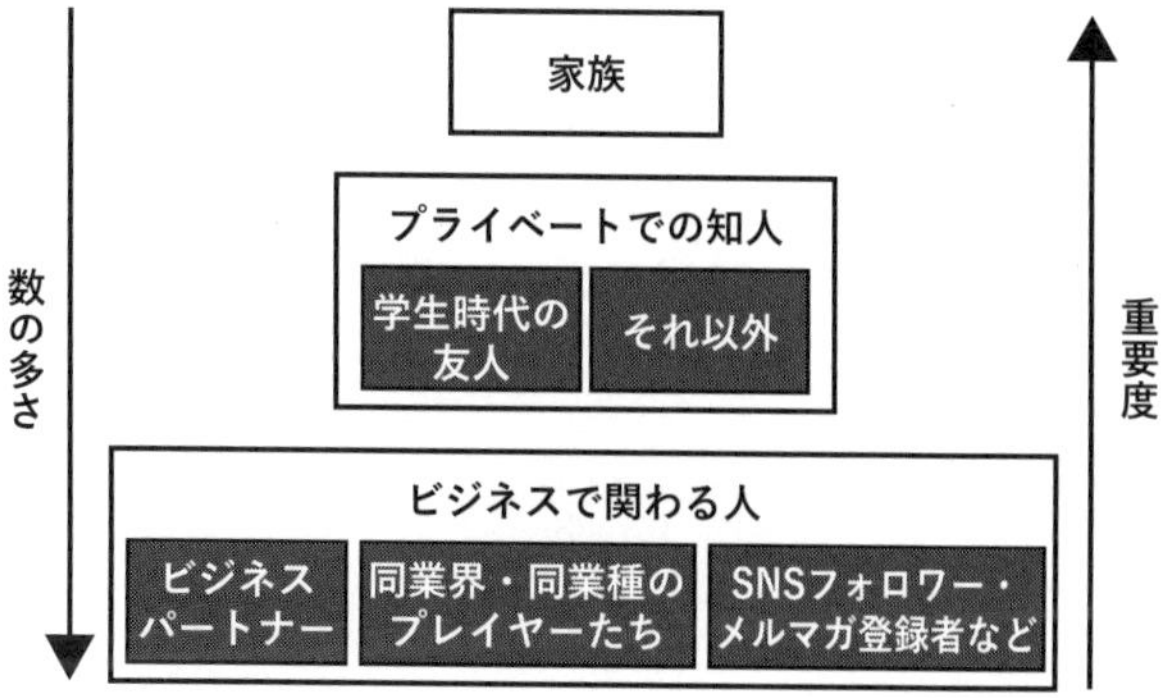

ている同業者たちです。あとは人間関係という意味では私のＳＮＳフォロワーやメルマガの登録者なども、薄いながらも関係性があるという意味で加えておくことにします。

これらを数の多さと自分にとっての重要度で位置を明らかにしたものが上の図です。「塊」で捉え、位置を明らかにする。構造化の原理に沿って表現したものです。

私がこれを見てあらためて気づかされたのは、それほど重要ではないのにストレスを感じさせる機会が多い「塊」があることでした。

まずは同業者たちです。誠に残念ではありますが、人間は嫉妬をする生き物です。噂話やいわゆるマウンティングばかりしてくる人間もいないわけではありません。私にとっては少しも有益ではない存在であり、むしろ足を引っ張る可能性もあります。

また、ＳＮＳのフォロワーなども（本当にごくわずかですが）本質的でない否定や明らかに感情的な攻撃をする人もいます。シンプルに言えば、重要でない人ほど私にストレスをかけているのです。

そう考えると、関係性を保つべき存在など実は本当にわずかでいいことがわかります。なんだかストレスを感じていること自体が「もったいないな」と自分で思ってしまいました。

私の話はこれくらいにしましょう。あなたの人間関係はどうなっていますか？

余談ですが、まるでピラミッドのようなこの図を見て、「いろんなところで見る図だな」と思った方も多いでしょう。論理的思考や問題解決といった類の書籍やセミナー資料にはこのような図がたくさん登場します。

なぜたくさん登場するのか。それはビジネスで使う論理的思考や問題解決が、「構造化」と切っても切り離せない関係にあるからです。数学そのものではなく、数学的思考がいかにビジネスパーソンの日々の思考に役立っているのかを感じ取っていただければ幸いです。

一見違うけれど、実は構造が同じもの

構造化することのメリットは「説明できる状態にすることができる」です。しかしそれ以外にも、私たちの日常生活において有益なときがあります。**似ているものを見つけるとき**です。

前項の「自宅の構造化」のエクササイズを思い出しましょう。自宅の構造を図にしましたが、これを私は「書籍の目次と似ている」と説明しています。

同じく「人間関係」のエクササイズでは、ピラミッドのような図を見て、あなたはどこ

かで見た図と似ている（同じだな）と感じたはずです。この「似ている」の正体を今から1行で言語化します。

似ている　＝　同じ構造をしている

あまりに抽象的でピンとこない方もいるでしょう。具体例を挙げます。

男　＋　女　＝　恋

という考え方があるとしましょう。これは恋というものの構造を説明しているとは考えられないでしょうか。あるもの（X）とあるもの（Y）を合わせると別のあるもの（Z）が誕生する。そういうことの一例です。

X　＋　Y　＝　Z

ではエクササイズをひとつ。

【演習問題】

X ＋ Y ＝ Z

「恋」の他にこの構造になっているものをひとつ挙げてください。

例えば炭はどうでしょう。炭の構造はこのような表現をしても差し支えないのではないでしょうか。

木 ＋ 火 ＝ 炭

ここから導き出されることは何か。**恋と炭は同じ構造をしている**ということです。そして先ほど述べたように同じ構造をしているとは、似ていることと同義です。

「恋と炭は似ている。異なるもの同士がくっつき燃え上がるもの。たまたまいい風が吹いていれば、さらに勢いは増す」

こんなたとえ話が作れそうです。あまりうまく言えていなかったら申し訳ありません。

私がこの話で何をお伝えしたいか。それは「似ているもの」を見つけること、そして「似ているもの」で説明することが実は数学的思考と深く関わっているのだ、ということです。

あなたは**「アナロジー（類推）」**という言葉を聞いたことはあるでしょうか。ある特定の事物に基づく情報を、他の特定の事物へ、それらの間の何らかの類似に基づいて適用する認知過程。これが一般的な定義です。

ただこれではちょっとよくわかりません。そこで注目していただきたいのは**「類似」**という単語です。文字通り、似ているという意味です。

先ほどの「恋と炭は似ている」はまさにこのアナロジーを使った結果です。恋の特徴を抜き出し、その特徴と似ているまったく別のものを持ち出し、恋と同じ構造をしている炭を「似ている」と結論づけています。一見違うけれど実は構造が同じものを使って説明する。あなたの日常にもそんな場面はあるのではないでしょうか。

同じように考えるなら、先ほどのXをお湯、Yを砂糖とすることでこのような説明はいかがでしょう。またもやあまりうまく言えていなかったら申し訳ありません。

「恋と砂糖水は似ている。異なるもの同士が溶け合うことで生まれる。ただし温度が下がると溶けにくくなる」

アナロジー脳になるトレーニング（基礎編）

ここからは再び楽しくトレーニングをしましょう。アナロジーとはどういうものかを、感覚的に掴むことを目的にします。

【演習問題】
「離婚」と似ているものを挙げてください。
（一見違うけれど、実は構造が同じもの）

離婚は結婚をしていなければできないことです。そして結婚はある種の「契約」とも考えられます。つまり、離婚は契約を終了（解除）する行為と捉えてもよいのではないでしょうか。

そしてその解除はそれぞれがさらなる発展を願って行うもの。そう考えると、離婚とは（契約）、（解除）、（さらなる発展）という3つの「塊」で成り立っており、この3つは次のような関係になっていると言えます。

（契約）→（解除）→（さらなる発展）

すなわち、この構造と同じ別のものを見つければそれがこのエクササイズの答えとなります。様々なものが考えられますが、例えば「退職」はどうでしょう。まずは雇用契約をする。しかし月日を重ね、発展的な別れが必要になることもあるでしょう。契約を解除し、未来に向けて新たな一歩を踏み出す。まさにこの構造と同じです。

皆さんの中にはこれまでに「退職」を経験した人もいるのではないでしょうか。「離婚」は「退職」と似ています。そう考えると、世間は少し離婚というものに対する考え方がネガティブすぎる気がします。退職する際には感謝をされたり送別会で花束をもらったりします。さらに転職するとなれば「おめでとう」と言われる。しかし離婚をして花束をもらうことはないし、「おめでとう」とも言われない。もっと離婚をポジティブに捉えてもいいのではないでしょうか。

【演習問題】

居酒屋における「飲み物」と似ているものを挙げてください。（一見違うけれど、実は構造が同じもの）

この本を書いている2020年秋の時点で、まだ世の中は新型コロナウイルスの混乱の中にいます。中でも居酒屋は極めて大きな影響を受けています。自治体からの要請で、営業時間の短縮や「お酒を出すのは○時まで」といった制限をせざるを得ないお店も少なくありません。そうした中、ある居酒屋の店主はこのようなことを言っています。

「お酒を出せないと、儲からないんですよ……」

居酒屋はその名前の通り、お酒をたくさん注文してもらわないと儲からない構造になっています。冷奴や焼き鳥が安く食べられるのは、別のもので儲けが出ているからです。

そこでこの居酒屋の商売を簡単に構造化してみます。まず「塊」として（食べ物）と（飲み物）の2つがあります。さらに特徴として、（食べ物）にはおかわりはほとんどありませんが、（飲み物）にはおかわりが頻繁にあることも挙げておきます。

食べ物		飲み物
少ない	儲け	**多い**
ない	おかわり	**ある**

こう整理すると、居酒屋の商売はいかに飲み物をおかわりしてもらうかがポイントになりそうです。つまみを1品だけ頼んで後は数時間ずっとお酒をおかわりし続けるお客様が、店側にとっては「いいお客様」ということだと思います。

この構造と同じ別のものを考えます。私はプリンター本体とインクの関係に似ていると思いました。プリンター本体だけで儲けるのではなく、継続的に必要になるインクで儲けているビジネスモデルはあまりに有名です。売るものとしては2種類ある。儲けの大小がはっきりしている。おかわり（継続的な注文）で儲ける。まさに居酒屋のビジネス構造に似ています。

もしあなたがビジネスパーソンなら、このような思考を使って「自分の会社においてこの構造でビジネスができないだろうか？」と考えたりするでしょう。構造化して似ているものを見つける。とても大事なことだと思いませんか。

最後にここでの思考プロセスを整理します。まずは「塊」を明らかにし、そしてそれぞれの「特徴」を整理しました。ある事物について「こうなっていますよ」と説明するために有効です。これも構造化のコツと申し上げてよいでしょう。

アナロジー脳になるトレーニング（応用編）

【演習問題】
稲盛和夫氏の次の言葉がなぜ名言なのか、「構造」という観点から考えてみてください。

「バカな奴は単純なことを複雑に考える。普通の奴は複雑なことを複雑に考える。賢い奴は複雑なことを単純に考える」

個人的にも好きな言葉です。多くの方が「まさにその通り！」と膝を打つ名言ではないでしょうか。

さっそくこの名言を構造化してみましょう（次ページの図を参照）。まずは「塊」で捉え、それらの位置を定めます。これは前項で申し上げた、特徴を整理している行為に他なりません。

こうしてみると、「バカ」と「賢い」という真逆の概念を対比構造で表現し、だから真逆なのだとシンプルに説明してくれているように思えます。シンプルな構造なのに本質を、「こうなっていますよ」と説明してくれている。この名言の魅力はそんなところにあるように思います。

人	事	考
バカ	単純	複雑
普通	複雑	複雑
賢い	複雑	単純

余談ですが、私はこのような「シンプルだけれども本質をついている構造」のものを見ると、つい「美しい」と表現してしまいます。一般的に数学者も、**シンプルなのに本質を表現している数式ほど「美しい」**と評価します。もしあなたにもその感覚があるとしたら、あなたは数学者の感性や彼らに見えている景色がほんの少しだけ理解できたことになります。

【演習問題】
先ほどご紹介した稲盛和夫氏の名言を使って、あなたなりの名言をひとつ作ってみてください。

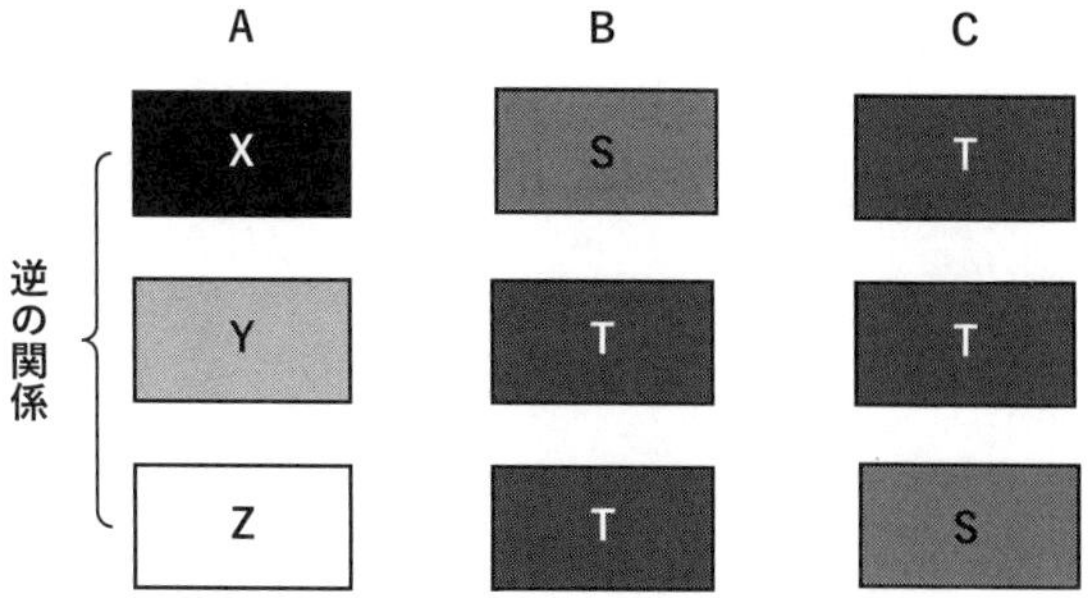

このエクササイズの意図を少し補足します。先ほどの名言には構造がありました。ここでは、それと同じ構造をしている別のものを考えてみるのです。つまりこれもアナロジーを使うエクササイズです。難しく考える必要はなく、できるだけ楽しむことが大切です。

あらためて、先ほどの構造を思い出します（上図参照）。書かれているアルファベットを別の具体的な何かにできれば完了です。ここは想像力を働かせます。このプロセスがアナロジーの楽しいところです。

わかりやすいテーマとして、仕事がデキる人とデキない人という対比を考えてみます。まさに真逆の存在です。そしてそこに「忙しい」と「暇」という概念を当てはめます（次ページの図を参照）。

仕事がデキない人は（実際は）暇なときに忙しそうにし

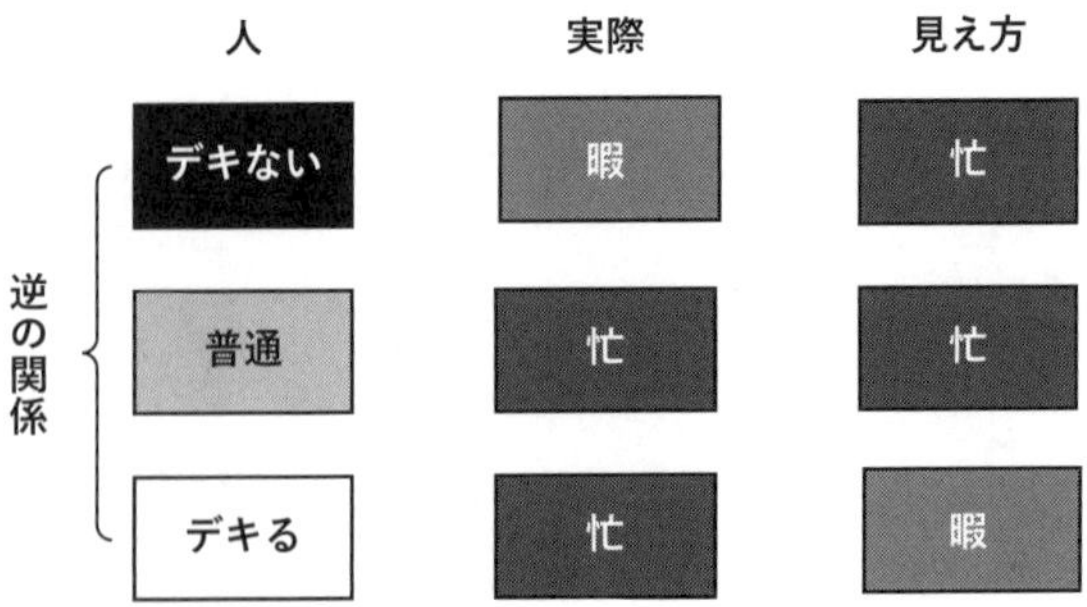

ている。忙しいときに忙しそうにしている人は普通の人。忙しいはずなのにそう見えない、つまり暇そうに見える人ほどなぜか仕事がデキる。もちろんこれが絶対とは申しませんが、ひとつの傾向として頷く方も多いのではないでしょうか。

「デキない奴は暇なときに忙しそうにする。普通の奴は忙しいときに忙しそうにする。デキる奴は忙しいときに暇そうにする」

稲盛氏の言葉と比較してしまうと明らかに見劣りしてしまいますが、本質は表現できているのではと自己評価しています。あなたが考えた名言もぜひシェアしてください。楽しみに待っています。

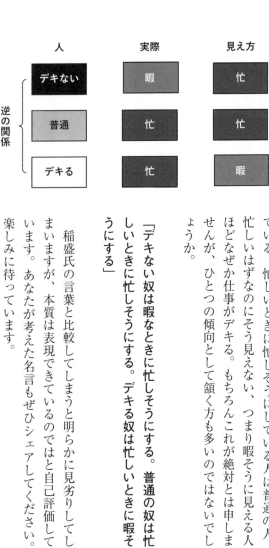

構造化が飛躍的に上手くなる習慣

本章のまとめとして、習慣の話をします。

「感覚として掴むことが大事」

私がこの章で多用した表現です。構造化は理屈で理解するものではなく、どんな場面でも完璧にできるような方法論も存在しないテーマです。つまり、いかにあなたが普段からトレーニング（に近い行為）をしているかがその定着度を決めます。

そこで私はあなたにこのような提案をします。

「普段から、たとえ話を考えるクセをつけてください」

たとえ話とは、いわゆる比喩と思っていただいて結構です。どういうことか、本章の内容を振り返りながら説明します。

似ているものを見つける思考回路。これが本章のテーマでした。恋の構造は炭のそれに似ています。だから「恋は炭のようなものである」という比喩表現を作ることができます。

離婚は退職と構造が似ている
↓
「離婚とは退職するようなものである」

居酒屋の商売はプリンターのビジネスモデルと構造が似ている
↓
「居酒屋の飲み物は、プリンターのインクのようなものである」

つまり、**「AはBのようなものである」というたとえ話を考えることが、すなわち構造化するプロセスを練習することになる**のです。それがあなたの仕事に直接的に役立つかどうかはわかりません。しかし役立つかどうかで考えてしまうとそれは習慣として定着しません。ゲーム感覚で、遊びとして捉えてやってみることがコツです。ちょっと時間が空いたときにコーヒーを相棒にして。あるいは通勤電車の中でのルーティーンに。あなたにとって無理のない方法で、ぜひ習慣にしてください。

最後にいくつかエクササイズの例をご紹介しておきますが、ぜひご自身でも自由にテーマを設定して楽しんでください。

【自習問題】
「やる気」を別のものにたとえてください。
(「やる気」とは「〇〇」のようなものである)

ちなみに私の答えはこちらです。

「やる気」とは、「うんこ」のようなものである。

その理由（すなわちどう構造化したか）についてもぜひ考えてみてください。

【自習問題】
新型コロナウイルス禍の政治政策を別のものにたとえてください。

ある方がこんなことを言っていました。

アクセルとブレーキを一緒に踏んでいるようなもの。

自粛要請はするのに旅行に行くことを推奨する。そんな政策のことを指しているのだと思います。

最後に、数学がお好きな方はぜひこちらもどうぞ。

【自習問題】
単利の増え方を表すグラフと、複利の増え方を表すグラフ。
それぞれその形を別のものにたとえてください。

私の答えはこちら。

単利のグラフは階段。複利のグラフは登山。

同じ幅で増加していく単利はまさに階段を登っていくようなイメージ。一方、相乗的に増えていく複利は登山をするイメージ。最初はなだらかですが徐々に勾配《こうばい》が急になってくるからです。

【自習問題】
「確率」を別のものにたとえてください。

私の答えはこちら。

確率とは、面積である。

数学に明るい方からは、「厳密には別のものではなくまったく同じものだ」とご指摘があるかもしれません。あくまでも「一見違うけれど、実は構造が同じもの」を見つけるトレーニングであるとしてご容赦ください。

第6章

モデル化

～数学とは関係の科学である～

我々は関数に囲まれて生きている

あなたは「モデル」という言葉を聞いて何を連想しますか。例えばファッションの世界で活躍するモデルさんのことを想像する方も多いのではないでしょうか。

本書で使っているこの「モデル」という表現は少し意味が異なります。**モデルとは、ある事象について諸要素とそれら相互の関係を定式化して表したもの**を指します。本章でトレーニングするモデル化も、まさに諸要素とそれら相互の関係を定式化して表すことです。ではさっそく本題に入りましょう。

165ページにて整理したように、体系化には2種類ありました。

そのひとつが前章のテーマである構造化、すなわち「こういう構造になっていますよ」と説明できる状態にすること。そして本章では、もうひとつのモデル化、すなわち「こういう関係になっていますよ」と説明できる状態にすることについて深く学びます。

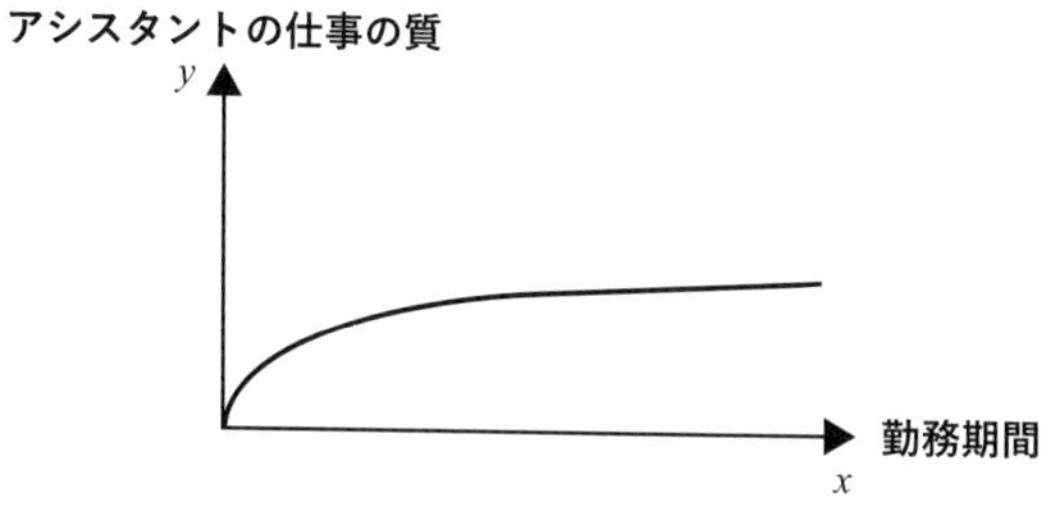

例えば、あなたが自分の仕事をサポートする学生アシスタントを雇ったとしましょう。最初は教えられた仕事をスポンジのように吸収するのであっという間に成長します。しかし同じ仕事をずっとさせていれば慣れてきます。慣れてくればくるほど徐々にその成長曲線は鈍ります。最後はほぼ一定のパフォーマンスで止まる。よくあるケースでしょう。

これを数学的に捉えてみます。「アシスタントの仕事の質（y）」と「勤務期間（x）」には関連がある。最初は勤務期間が増えれば増えるほど質は向上するが、慣れに伴い最終的にはほぼ一定になる。これをグラフで表現すると上のようなイメージです。

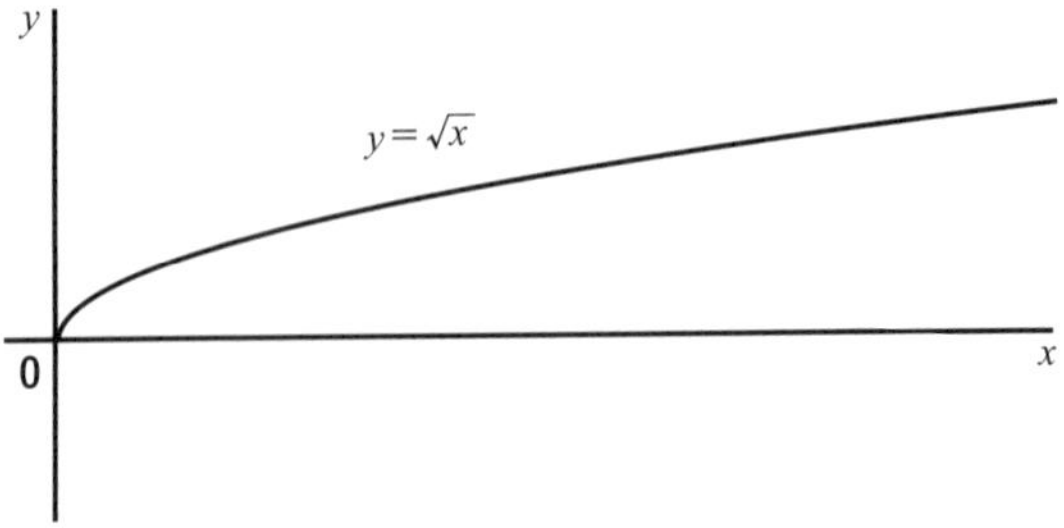

ちなみに$y=\sqrt{x}$という関数のグラフがこちらです。

この両者はとても似ているとは思いませんか。つまり「アシスタントの仕事の質（y）」と「勤務期間（x）」は$y=\sqrt{x}$に似た関係になっています、と説明できます。

あなたも学生時代に数学の授業で関数を学んだでしょう。この関数とは文字通りxとyの関係を数式で表現することですが、私たちが生きている世界には他にもたくさんのxとyの関係というものが存在します。

例えば、フランス・ボルドー産のワインの品質を、ある高度な分析手法によって予測した人がいます。ワイン好きの経済学者であるオーリー・アッシェンフェルターです。その式がこちらです（※注：アッシェンフェルター氏のウェブサイト　http://www.liquidasset.com/winedata.htmlや関連文献をもとに、著者が一部簡略化)。

ワインの品質＝(0.00117×冬の降雨量)＋(0.06164×育成期の平均気温)
－(0.00386×収穫期の降雨量)＋(0.02385×熟成年数)－12.145

ブドウの生育に影響する何年分ものデータから、式中の４つの要因が価値予測に有効であることを示しています。ワイン愛好家や他の学者から様々な指摘や意見があったとされ、このモデルの妥当性については諸説あるようです。本書は学術書ではないのでその点は他書に譲ることにしますが、ここで申し上げたいのは「こういう関係になっていますよ」と説明することは関数を作ることと極めて近い行為であるということです。

あなたは関数を「作ったこと」がありますか？

では、「関数」というものがいったい私たちの日常にどんなメリットをもたらすのか。エクササイズも交えながら深掘りしていきます。

【演習問題】
「気温」と「ホットコーヒーの販売数」で関数を作ってください。

一般的に気温が高ければ高いほどホットコーヒーは売れなくなると考えられます。実際、私も暑い夏はカフェの店員が必ず尋ねる「ホットとアイスはどちらに?」にアイスと即答しています。極めてシンプルに考えるなら、ある正の数「a」を使ってこのように表現できるかもしれません。

$y=-ax$（x：気温　y：ホットコーヒーの販売数　a：正の数）

しかしこの状態ではまだ未完成です。なぜなら、もしこの関数が正しいとしたら、気温が0℃のとき、すなわちxが0のときにはyも0になってしまうからです。

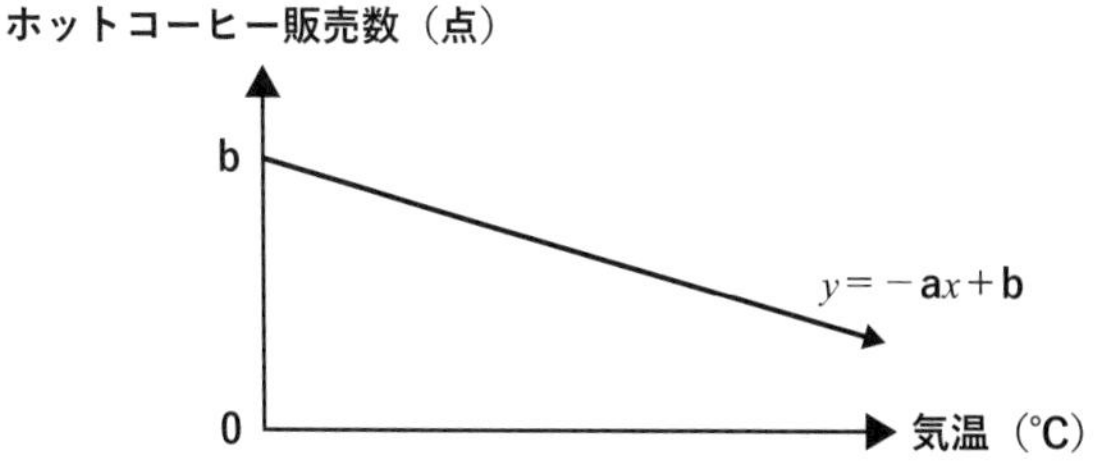

$$y=(-a)\times 0=0$$

ところが実際はどうでしょう。０℃は真冬の気温です。ホットコーヒーがまったく売れないなんて現実的ではありませんし、むしろたくさん売れているはずです。ですから「ある程度大きい数b」を使ってこのように表現するのが妥当でしょう。

$y=-ax+b$（x：気温　y：ホットコーヒーの販売数　a：正の数　b：正の数）

この関数をグラフで表すと上のようになります。これは私たちの直感とも一致するものではないでしょうか。

このエクササイズのような行為のことを、「こういう関係になっていますよ」と説明する行為と考えます。この内容はおそらく中学生でも理解できる数学の話と言えるでしょう。もちろん分野は関数です。
しかし、あなたがかつて学校で習った関数の授業とは、次のような問題の答えを出す時間がほとんどだったのではないでしょうか。

〈問題〉

一次関数　$y=5x+30$　が与えられたとき、$y=100$となるような x を求めなさい。

本書をここまで読んでいただいた方ならきっと感じ取っていただけると思いますが、この問題は「人間の思考」ではなく、単なる「機械的な作業」をさせる問題です。はっきり申し上げれば、もはやこの問題は数学ではありません。
先ほどのエクササイズのような**「関数を作る」ことが本来の数学であり、「与えられた関数において x を求めなさい」は数学ではない**のです。

重要なメッセージをお伝えしたつもりです。では先に進みましょう。

「ちょうどいいところ」を決める数学的思考

実は現実世界では、机上の数学のような完璧な関数はほとんど存在しません。

例えば前項の気温とホットコーヒーの話で言えば、実際の正確なデータにおいては、おそらく気温と販売数の関係はあのようなはっきりした直線ではありません。少しだけ減るときもあれば大きく減るときもあるのが自然であり、どんなときも必ず○個ずつ減るなんてことはまずあり得ません。

ですから私たちは**現実世界で関数を作るときには、「多少のバラツキはあるけれど、要するにだいたいたいこんな傾向です」という発想を持つ必要があります。**

気温とホットコーヒーの話をそのまま使うと、前項の右肩下がりのグラフは正確には次ページのような散らばったデータの代表的な表現と言えます。この「代表的な表現」とはつまり、このデータの傾向を表現する代表的な１本の直線（１つの関数）のことと理解いただいて結構です。

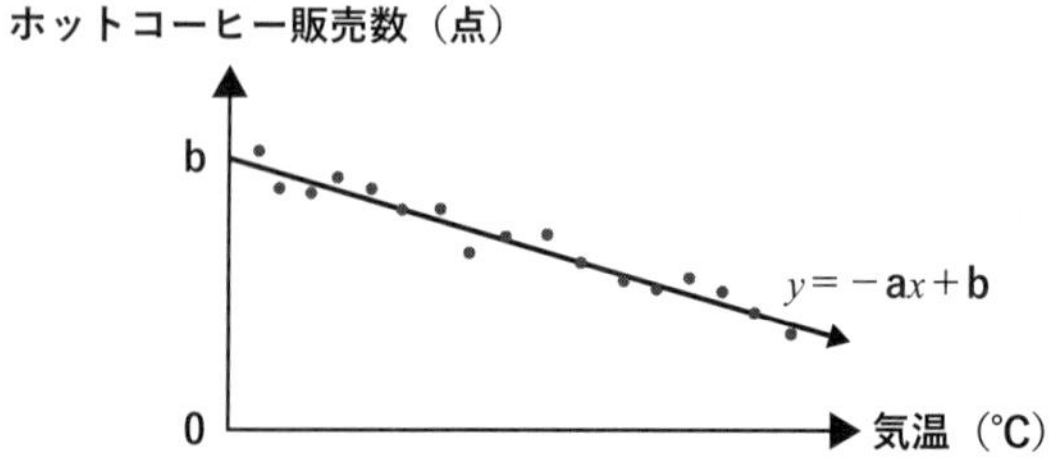

$y=-ax+b$（x：気温　y：ホットコーヒーの販売数　a：正の数　b：正の数）

ところで、この1本の直線はいったいどんな性質を持った直線だと定義するべきでしょうか。直感的な表現をするなら、**「散らばったどの点からもけっこう近いところに引いた直線」**となるでしょう。

実は数学的には**「各点からの距離の二乗の合計が最小になる直線」**と定義されます。これは**最小二乗法**と呼ばれる考え方によるもので、その理解には高度な数学理論が必要になります。本書の趣旨からは外れるので最小二乗法の解説は他の専門書に譲りますが、本書の読者は「各点からの距離（の二乗）の合計が最小になる直線」と認識しておけば十分です。

この数学的な考え方により作られる直線は極めてカジュアルな表現をするなら、「ちょうどいいところに引かれた直線」と言ってもよいでしょう。まさに「多少のバラッキはあるけれど、要するにだいたいこんな傾向です」という発想で生まれる表現です。

実はこの「ちょうどいいところ」を決める発想が日常でも多く活用されています。

例えばビジネスの商談。10万円で提案したサービスに対して、お客さんが8万円までしか予算がないと難色を示したとしたら、「ちょうどいいところ」として9万円の着地を目指すといったコミュニケーションはよくあります。

あるいは、会議などで様々な意見が出てしまい、それらが食い違っているとき。おそらくあなたなら「ちょうどいいところ」を落とし所として探り、その会議の結論にして着地をさせようとするでしょう。

茨城県、神奈川県、山梨県に住む3名が食事会をする場所として東京都内を選ぶことも、「ちょうどいいところ」という考え方で決めているかもしれません。

これらの例すべてに共通するのは、「各点からの距離（の二乗）の合計が最小になる直線」を引いているということです。日常によくあるこのような「調整」も、実は立派な数学的思考なのです。

「関数」ではなく「関連づけ」

本題はここからです。関数を作る行為は「関連づける行為」と表現しても差し支えありません。「数式を作る」のではなく「関連づける行為」と理解するのが本質的なのです。

先ほどの気温とホットコーヒーの話がわかりやすいでしょう。あの「$y=-ax+b$」という数式は、気温とホットコーヒーの販売数をまさに関連づけた結果です。

別の例も挙げていきます。

例えばあなたはこれまでの人生で多くの人に影響を受けたはずです。それらの合計が今のあなたを構築したと言えます。

もっとも大きな影響を受けたのは家族でしょうか。次にいい関係を築けた友人。もしかしたらあなたにとっていい影響を与えなかった「悪い友人」もいるかもしれません。さらに、家族といい友人では前者のほうがより大きな影響力があったのではないでしょうか。それを仮に「２倍」という概念で差を表現すると、「あなたが人からもらった良い影響」という概念は次のような関連づけで表現できるのではないでしょうか。

（あなたが人からもらった良い影響）＝２×（家族から）＋（いい友人から）－（悪い友人から）

家族から愛情をたっぷりもらった。いい友人に恵まれた。そんな人はきっともらったものが大きなプラスになるでしょう。逆に悪い友人とばかり付き合ってきた人生だと、マイナスの影響が多くなってしまいます。家族との時間を大切にし、付き合う友人をしっかり選ぶ。人生で大切なことを示しているように思えます。

実はこの例は先ほどのワインの品質に関する予測式ととても似ています。

ワインの品質＝(0.00117×冬の降雨量)＋(0.06164×育成期の平均気温)
－(0.00386×収穫期の降雨量)＋(0.02385×熟成年数)－12.145

この予測式は当然ながら多くのデータから数学的理論に基づき導いていますが、要するにワインの品質は「冬の降雨量」「育成期の平均気温」「収穫期の降雨量」「熟成年数」に影響されるということを説明しているのです。そしてそれぞれに掛け算されている数を見ると、ワインの品質を決めるにあたり「冬の降雨量」「育成期の平均気温」「熟成年数」はプラスの影響を及ぼし、逆に「収穫期の降雨量」はマイナスの影響を及ぼすという説明をしています。

もう少し身近な例で関連づけを考えてみましょう。

例えばあなたの収入。仮にあなたが会社員とするなら、給与という形で毎月支給されるわけですが、その会社に収益がなければあなたの給与は存在しません。そしてその収益とは全社員の尽力により得たものと考えることができます。つまりあなたの給与とは、全社員の尽力により得た収益を全社員で配分したものと考えられないでしょうか。

（あなたの給与）＝（全社員の尽力により得た収益）÷（全社員）

ここまでいくつも例を挙げましたが、いずれにも共通するのは四則演算（＋−×÷）という記号により複数のものを関連づけ、「このような関係になっていますよ」と説明していることです。これが「関連づけ（モデル化）」という考え方です。

少しエクササイズをしましょう。あえて著者からの正解（らしきもの）は提示しません。様々な関連づけを探ってみてください。

【自習問題】

仮にあなたが従業員を雇用する経営者だとします。

「従業員満足」を別の何かと関連づけ、四則演算の記号（＋−×÷）を使って表現してください。それは何が増えれば（減れば）、変化するものでしょうか？

なぜ「関連づけ」をするのか

ところでなぜ私たちは「関連づけ」をするのでしょうか。人生にもビジネスにもメリットがないなら、そのような行為をする必要もないはずです。

結論を申し上げると、**「目的を達成するためには何をしたらよいか」という問いに答えを出すため**です。

先ほどのアシスタントと勤務期間の関係を思い出します。期間が長くなればなるほど成長は鈍る。つまり$y=\sqrt{x}$の関係にあるとしました。もしこれが正しいとするなら、あなたはこのアシスタントにさらなる成長をしてもらうため（あなたの業務がもっとスムーズに進むため）に何をしますか。

$y=\sqrt{x}$である以上、このままいくら時間をかけても新たな成長は望めないことは明らかです。まったく別の仕事を与えるなど、別の働きかけをするでしょう。

達成したい目的：
アシスタントにさらなる成長をしてもらう

そのために何をしたらよいか：
まったく別の仕事を与える

「目的を達成するためには何をしたらよいか」という問いに答えを出すとはこういうことです。私たちは日常でこれを当たり前のように行っていますが、その背景にはこんな数学が存在しているのです。続いて先ほど作った次の式についても考えてみましょう。

（あなたが人からもらった良い影響）＝２×（家族から）＋（いい友人から）－（悪い友人から）

先ほども述べたように、もしあなたが人生で幸福になりたければ家族との時間をたくさん作り、逆に悪い友人とはなるべく距離をとったほうがいいことがわかります。幸福という目的のためにすべきことが明確になるのです。さらに次の式も見てみましょう。

（あなたの給与）＝（全社員の尽力により得た収益）÷（全社員）

もしこの関連づけが正しいとして、あなたがもっと給与をもらいたいならすべきことは何でしょうか。収益を増やすこと、あるいは社員を減らすこと、あるいはその両方です。

しかしあなたが社員を減らすことはおそらくできません。ならば収益を増やすしかありません。収益が上がる新規事業を経営者に提案する。それも難しいなら収益が高く社員の少ない企業を探して転職する。そんな「会社員としての戦略」を立てることもできるでしょう。給与の増額という目的のためにすべきことが明確になります。

売れる営業になるためのアクションも見えてくる

もう少しビジネスの実用に近づけた例として、売れない営業パーソンが売れるようになるためにアクションをとるケースを考えてみましょう。

例えば、売れるようになるためにはコミュニケーションスキルが最重要だとします。そこでコミュニケーションスキルを「雑談力」と「プレゼンテーション力」に分解します。

一方、雑務はできるだけ少なくしたいものです。本人でなくてもできる作業的なものはできるだけ自分のタスクから排除したいもの。かつ、これらの仕事はすべて短時間で効率的にできるほうが良いとするなら、営業パーソンの質はこの4つを関連づけてモデル化することができます。

（営業パーソンの質）＝｛（雑談力）×（プレゼンテーション力）－（雑務）｝÷（所要時間）

もし私がこの立場なら、「雑談力」と「プレゼンテーション力」のどちらを高めることが近道かを自分で考え、すぐにセミナーや書籍などでそれを高める方法をつかみ実践するでしょう。作業的なものはアシスタントに任せるか、自動的に処理されるような仕組みを構築します。

同時に仕事の効率化を図るべく、1日の時間の使い方をゼロから見直します。うまくやっている先輩を観察して、その仕事術を盗むでしょう。

このように関連づけとは**「目的を達成するためには何をしたらよいか」という問いに答えを出すため**に必要なのです。

先ほどの営業パーソンの例でも、単に「売れるように頑張ります」ではいつまで経っても変わることができません。関連づけることで答えが出せます。

ぜひあなたも関連づけという思考習慣を身につけてください。それはあなたが目的を達成したいときに大いに役立つことになります。ですから、前項のエクササイズにチャレンジいただいた方には、当然このようなお題が続くことになるわけです。

【自習問題】
仮にあなたが従業員を雇用する経営者だとします。
「従業員満足」を上げるためには、具体的に何をしたらよいでしょうか？

「いい人材とは？」を数学的に説明せよ

では、ここからはエクササイズを存分にお楽しみください。サラリと流し読みしていただいても結構ですが、ぜひその後に少し時間をとってご自身でもチャレンジしてみてください。人は見聞きしたことはすぐに身体から抜け落ちますが、体験したことは身体が覚えてくれるものです。このようなアタマのトレーニング的なものは、身体（アタマ）が覚えてしまえば一生忘れません。

【演習問題】

「いい人材」とはどんな人材のことでしょうか?

四則演算の記号(+−×÷)を使って表現してください。

四則演算の記号を使って表現するということは、すなわち数学的思考で表現するということになります。そして数学的思考は定義からスタートします。第1章でお伝えしたように、定義とは「○○とは~~である」と言語化する行為です。

「いい人材」とは、＿＿＿＿＿＿＿＿な人材である。

しかし「いい人材」といっても業種などによって様々でしょう。一般的な「いい人材」を考えるよりは、今あなたがしているその仕事における「いい人材」とは何かを考えてください。より具体的な定義が出てくるはずです。

ここでは、私のような企業研修に登壇する「プロ講師」という分野で考えてみます。これは「いい講師」とは何かを考えることと同義です。私の言語化は次のようなものです。

Ａ「いい講師」とは、その分野の知識が豊富な人物である。
Ｂ「いい講師」とは、自分ではなく参加者を主役にできる人物である。
Ｃ「いい講師」とは、誰よりもその場を楽しんでしまえる人物である。

Ａについては説明の必要はないでしょう。Ｂは私がとても大切にしている考え方です。特にビジネス系の研修や講座は、参加者もそれなりの実績を積んできたプライドのある方も多いですから、そのような方々を脇役にして自分がスターのように振る舞ってしまうことはＮＧです。どれだけ正しいことを伝えても参加者は受け入れてくれません。

Ｃは皆さんも共感できる要素ではないでしょうか。人は楽しそうなところに集まります。その場を楽しんでいる人の側で学びたいと思うのは極めて自然なことです。

さて、この3つはどれも大事ですが、できればすべて兼ね備えているほうが良いと考えられます。兼ね備えるということはAもBもCも持っているということになるので足し算（＋）の概念で表現できそうです。

加えて私の主観で重要度に差をつけるなら、もっとも重要なのがC、次にB、最後がAです。とてつもない専門知識があり、実務家としては通用する人なのに、講師としては活躍できない人はたくさんいます。Aの重要度を「1」とすれば、Bの重要度は「2」、Cの重要度は「5」でしょうか。それほどまでに私はCが重要だと思っています。まとめるとこのような関連づけで「いい講師とは、こうなっていますよ」と説明できます。

「いい講師」＝A＋2B＋5C

私はビジネス数学を指導できるインストラクター制度を立ち上げていますが、その養成講座で教えているのは専門知識ではありません。講師としての立ち居振る舞いやメンタリティの話がほとんどです。この1行の式がその理由と申し上げていいでしょう。

では、あなたの仕事における「いい人材」とはどんな人材でしょうか。その数学的表現ができたら、最後に少しだけ考えてみてください。あなたがさらに「いい人材」になるためには何をしたらよいでしょうか。このエクササイズは、あなたがさらに成長するためのヒントを探ってもらうために用意したつもりです。

「課題へのモチベーション」を数学的に説明せよ

やらなきゃいけないのはわかっているけれどなかなか始められない。そんなことはありませんか。例えば夏休みの宿題。あなたは先に終わらせてしまうタイプでしょうか。あるいは学校が始まる直前になってから慌てて片付けるタイプだったでしょうか。

次はこんなテーマを考えてみます。

【演習問題】
「課題へのモチベーション」はどんな式で表現できるでしょうか?

本章でトレーニングしている「関連づけ」をぜひ使ってください。モチベーションというカタカナよりは、「やる気」という言葉に置き換えたほうがピンとくるかもしれません。要するに何か課題が目前にあったときの「やる気」の大小は何で決まるかを考え、四則演算（＋－×÷）で関連づければよいのです。

あらためて、「やる気」というものについて考えてみます。それがあるときとないときの違いを簡単に整理してみます。

その課題への「やる気」があるとき：
それが得意なもののとき。

それがすぐに必要なとき。

それが自分にとってメリットが大きいとき。

その課題への「やる気」がないとき：
それが苦手なもののとき。
それがすぐに必要ではないとき。
それが自分にとってあまりメリットがないとき。

仮にこの3つで決まるとし、それぞれを「得意度」「緊急度」「メリット度」という仮称をつけます（センスのないネーミングですがご容赦ください）。

まず「得意度」が大きいほど「やる気」も大きくなると考えます。誰しも苦手なことをするのは気が進まないものです。

次に「緊急度」も大きいほど「やる気」も大きくなると考えるのが自然でしょう。夏休みの宿題をギリギリになってやる人はまさにこの要素が強いからではないでしょうか。

最後に「メリット度」も同様と考えるべきでしょう。人間はどうしても損得で動きます。メリットのないことをあえてする人は少ないのではないでしょうか。

続いてこの3つを関連づけます。

「課題へのやる気」＝（得意度）＋（緊急度）＋（メリット度）

「課題へのやる気」＝（得意度）×（緊急度）×（メリット度）

足し算（＋）と掛け算（×）での関連づけ、2つのパターンを考えました。しかし掛け算（×）は現実的ではないように思います。その課題がとても苦手なものだとして、「得意度」はゼロかもしれませんが、だからといって「やる気」そのものがゼロになるとは言い切れません。

例えば緊急性があり、かつそれをこなすことであなたの給与が増える仕事があるなら、おそらくあなたはその仕事が得意ではなかったとしても率先してこなすでしょう。

最後に「得意度」「緊急度」「メリット度」の重要度に差をつけるかどうかを考えます。

しかしこれについてはケースバイケースであると結論づけることにします。例えば子供なら「得意度」がやる気に大きく影響するかもしれません。学校の勉強やスポーツも得意なものは勝手にどんどんこなしますが、苦手なものはやらない。子供というものはある意味とても素直です。一方、時間やタスクに追われるビジネスパーソンなら、むしろ「緊急度」や「メリット度」のほうがやる気に大きく影響するかもしれません。

（課題へのやる気）＝（得意度）＋（緊急度）＋（メリット度）

これをいったんの結論としますが、シンプルすぎてつまらないと感じる方のために、次のような答えもご紹介しておきます。

心理学者であるピアーズ・スティールは、「やる気」というものは次の式で決まるものだと主張しています（『その問題、数理モデルが解決します』浜田宏著／ベレ出版より）。

（課題へのやる気）＝（達成確率×価値）÷（衝動性×締め切りまでの時間）

達成確率とはその課題が「できそうかどうか」ということです。できるイメージが湧かない課題には消極的になります。価値とは先ほどの「メリット度」とほぼ同義の概念。価値があるならやるけれど、ないならやらないということです。

一方、課題を先延ばしする人の特徴に衝動性があります。衝動的に動く人はやるべきことに対する計画性が薄くて先延ばしをする人が多いそうです。そして、当然ながら期限が先であればあるほど先延ばししてしまう、つまり、課題へのやる気は低くなります。

達成確率と価値が大きければ大きいほどやる気も大きくなり、衝動性と締め切りまでの時間が大きければ大きいほどやる気は小さくなる。ピアーズ・スティールはこのように整理しています。個人的にはなるほどと思いますがいかがでしょう。

あなたもぜひオリジナルの式を考えてみてください。もし子供のいる方なら、子供のやる気を高めるためには何が必要かを考えてみればいいでしょう。あるいは部下を持つ管理職の方なら、部下のやる気を高めるためには何が必要か考えてみるのです。

子供や部下のマネジメントが上手な人は、きっと無意識にこのような数学的思考を活用しているはずです。

数学的思考とは、とてもエロティックである

では本章をまとめます。私は第１章で「数学的思考」をまさに数学的思考で説明しています。覚えているでしょうか。

（※）
数学的思考
＝｛定義｝×｛分析｝×｛体系化｝
＝｛定義｝×｛（分解）＋（比較）｝×｛（構造化）＋（モデル化）｝

「数学的思考というものはこうなっていますよ」と説明することで、それを身につけるためには何を学べばいいのか、何ができるようになることがゴールなのかが明確になりまし

た。すなわち、「目的を達成するためには何をしたらよいか」という問いに答えを出しているのです。

そしてこの数式をもとに本書は構成され、そしてあなたにここまで読み進めていただきました。


唐突かもしれませんが、私は数学的思考というものはとてもエロティックなものだと思っています。

いったいどうなっているのか、どこに何があるのか、さっぱりわからない状態のものを目の前にしたとき、その姿を少しずつ明らかにしていきます。そして最後は「こうなっていますよ」と誰が見てもわかる状態にしてしまう。


それはまるで衣服を着ている相手を裸にするような感覚。見えなかったものや隠れていたものをはっきり見える状態にしてしまう。これが私の考える数学の面白さです。

だからその面白さを知ってしまった人はオタク的に夢中になってしまう。徹底的にのめり込んでしまい、様々なものを裸にして見てみようとする。とても中毒性のあるものなのです。実は私が本書で「身体で覚えてください」という言い方をしたのも、そのような理由によるものです。

身体で覚えるためには、身体を動かさなければなりません。身体を動かすとはつまりトレーニングです。トレーニングはエクササイズ（練習：本書では演習および自習問題）がないと成立しません。これが本書をトレーニング本にした理由です。

もちろん今からあなたが中毒になる必要はありません。何事も過ぎると毒になります。バランスは大事でしょう。ただ、ひとつだけはっきりお伝えできることがあります。

いったいどうなっているのか、どこに何があるのか、さっぱりわからない状態のものを目の前にしたとき、その姿を少しずつ明らかにし、最後は「こうなっていますよ」と誰が見てもわかる状態にしてしまう。

これができたとき、おそらくあなたはとても気分がいいということです。人間は生きている限り、嫌な気分でいる時間はできるだけ少ないほうがいいでしょう。どれだけ気分がいい時間を作れるかは、人生の豊かさに大きく影響するように思うのです。

本書でお伝えしてきた数学的思考は、単に「仕事に役立てよう」「問題解決しよう」「思考力を鍛えよう」といったことを最終的な目的にしているのではなく、あなたの人生にいい気分をたくさん作り出すことを目的にしています。

大人になったら、自分の機嫌は自分で取りたいものです。不機嫌であることを誰かのせいにするのではなく、自分で自分の気分を良くする。それが知性ある大人というものではないでしょうか。

おわりに――答えを出すチカラの正体

最後までお読みくださり、ありがとうございました。

本書を閉じる前に、少しだけ私にお時間をいただけないでしょうか。

というのは、あなたにとって極めて重要なエクササイズがひとつだけ残っているからです。

■あなたは「自分探し」をしていませんか？

私はかねてから「自分探し」という言葉に違和感を覚えていました。10年前に別離した家族を探しているのならわかりますが、「自分を探す」とはどういうことなのでしょう。

自分には何が向いているのかを探す。自分の行く道を探す。そんな意味を持つ言葉であることは想像できます。しかしそれでもなお、私は違和感が拭《ぬぐ》えません。なぜなら、そのような問いの答えは探すものではなく、自ら作るものではないかと思うからです。

「探している」という言葉を使って、答えを出すことから逃げているだけでは？

そう思ってしまう私は、人として優しくないのでしょうか。なぜ人々は答えを出すことから逃げてしまうのか。少しだけ私の持論を聞いていただければ幸いです。

本書のテーマである数学的思考は、正解のない問いに答えを出すために役立ちます。どうすれば売上は上がるか。どうすれば部下のモチベーションが上がるか。どうすれば自分は幸せになれるか。このような問いに答えを出すことに貢献します。

一方で、数学的思考はとても無力です。なぜなら人は答えを出すことから逃げてしまう、あるいは答えを出してもその後に行動をしようとしないからです。

例えば「自分探し」という言葉に逃げて答えを出すことを後回しにしたり、せっかく出した答えに背を向けてまた「自分探し」に戻ったりしてしまう。

あるいは結婚、離婚、転居、転職など、人生に大きな変化をもたらす可能性のあるテーマ。ちゃんと考えなきゃとは思いつつ、つい日常の忙しさを理由にして後回しにしてしまう。誰しも思い当たる節があるのではないでしょうか。もちろんそれは私にもあります。

まあでも、それが人間だよね。

そう言われれば私も「確かにそうですね」と答えます。人間らしい、優しい、考え方だと思います。しかしそれでもあえて問います。なぜ人は答えを出すこと、そして行動することから逃げてしまうのでしょう。私の答えは「行動すると痛みを伴うことがあるから」です。

■「正解探し」のメカニズム

例えば転職しようかどうか悩んでいる人がいたとします。今がとても不満なわけではないがチャレンジしたい気持ちはある。転職すべきかどうかという問いに対する答えを出し、実際に転職したとします。しかし残念ながら転職先での自分が思っていた姿ではなかったとき、おそらくこの人物はこの転職を「失敗だった」と結論づけるでしょう。

誰だって失敗は怖い。つまり答えを出そうとすることは、恐怖との戦いを自分に課すことを意味するのです。

このように人生には、行動しなければ痛みを伴うことはないが、行動することによって痛みを伴うことがたくさんあります。何かしら行動すれば必然的にその行動の結果が生まれます。その結果が望むものであるときもあれば、望まないものであるときもあります。後者は「痛み」を伴います。誰だって痛みを感じたくはないし、痛みを感じることは恐怖です。

答えを出してしまうと行動しなければならない
↓
それは怖い
↓
だから「答え」を出したくない
↓
絶対に失敗しないような正解を欲する

↓
どこかにそれがないかを探す
↓
しかしそんなものは存在しない

これが「正解探し」のメカニズムです。

■練習 → 本番

だから私たちに真に必要なことは、この恐怖に勝つ心の強さだと思います。答えを出すチカラとは、ビジネス書で語られる思考力のことを指しません。人間としての、心の強さのことです。

答えを出すチカラ≠数学的思考
答えを出すチカラ＝数学的思考＋恐怖に勝つ心の強さ

あなたは本当の意味での「答えを出すチカラ」をお持ちでしょうか。

定義する。
分解する。
比較する。
構造化する。
モデル化する。

これらを組み合わせることで、あなたはこれから何度でも正解のない問いに答えを出そうと試みます。しかしそれは答えを出すという行為のほんの一部に過ぎません。探しているうちは、答えは手に入りません。自らの力で、逃げずに、作るのです。

そろそろお別れです。先ほど申し上げた「あなたにとって極めて重要なエクササイズ」とは、実際はエクササイズではなく本番を意味します。今すぐではなくても、いつかそのときがきたら、逃げずに答えを出しましょう。もちろん私もそれに挑戦する一人です。

あなたが今まで答えを出すことから逃げてきたテーマはありますか？
数学的思考を使って、答えを出しましょう。

本書のご感想やエクササイズで出した答えをぜひ著者にも共有ください。
お返事差し上げます。
info@bm-consulting.jp

PHP
Business Shinsho

深沢 真太郎(ふかさわ・しんたろう)
ビジネス数学教育家。数学的思考ができるビジネスパーソンを育成する「ビジネス数学」を提唱し、延べ1万人以上を指導してきた教育の第一人者。日本大学大学院総合基礎科学研究科修了。理学修士（数学)。
予備校講師から外資系企業の管理職などを経てビジネス研修講師として独立。大手企業をはじめプロ野球球団やトップアスリートの教育研修を手がける傍ら、SMBC、三菱UFJ、みずほ、早稲田大学、産業能率大学などと提携し講座に登壇。その独特な指導法は「史上最強にわかりやすい」「数学的な人財に変身させる」と好評。さらに指導者育成を目的とし、「ビジネス数学インストラクター制度」をプロデュース。数字や論理的思考に強いビジネスパーソンの育成に努めている。
テレビ番組の監修やラジオ番組のニュースコメンテーター、ビジネス誌の記事監修などメディア出演も多数。著作は国内累計20万部を突破。実用書のほか作家として小説も発表しており、多くのビジネスパーソンに読まれている。

BMコンサルティング株式会社 代表取締役
一般社団法人日本ビジネス数学協会 代表理事
国内初のビジネス数学検定1級AAA認定者
国内唯一のビジネス数学エグゼクティブインストラクター

★ビジネス数学.com ～深沢真太郎オフィシャルウェブサイト～
https://www.business-mathematics.com/

PHPビジネス新書 421

数学的思考トレーニング

問題解決力が飛躍的にアップする48問

2021年1月7日 第1版第1刷発行
2021年1月28日 第1版第2刷発行

著　　者　深沢真太郎
発行者　後藤淳一
発行所　株式会社PHP研究所
東京本部　〒135-8137　江東区豊洲5-6-52
第二制作部　☎03-3520-9619(編集)
普及部　☎03-3520-9630(販売)
京都本部　〒601-8411　京都市南区西九条北ノ内町11
PHP INTERFACE　https://www.php.co.jp/
装　　幀　齋藤 稔(株式会社ジーラム)
組　　版　朝日メディアインターナショナル株式会社
印刷所　株式会社光邦
製本所　東京美術紙工協業組合

ISBN978-4-569-84835-8

「PHPビジネス新書」発刊にあたって

わからないことがあったら「インターネット」で何でも一発で調べられる時代。本という形でビジネスの知識を提供することに何の意味があるのか……その一つの答えとして「**血の通った実務書**」というコンセプトを提案させていただくのが本シリーズです。

経営知識やスキルといった、誰が語っても同じに思えるものでも、ビジネス界の第一線で活躍する人の語る言葉には、独特の迫力があります。そんな、「**現場を知る人が本音で語る**」知識を、ビジネスのあらゆる分野においてご提供していきたいと思っております。

本シリーズのシンボルマークは、理屈よりも実用性を重んじた古代ローマ人のイメージです。彼らが残した知識のように、本書の内容が永きにわたって皆様のビジネスのお役に立ち続けることを願っております。

二〇〇六年四月

PHP研究所

PHPビジネス新書

メタ思考トレーニング

発想力が飛躍的にアップする34問

細谷　功　著

ベストセラー『地頭力を鍛える』の著者が独自に開発した思考トレーニング問題を、厳選して紹介。楽しく解くだけで、頭がよくなる一冊。

定価　本体八七〇円（税別）

PHPビジネス新書

「具体⇅抽象」トレーニング

思考力が飛躍的にアップする29問

細谷 功 著

「具体」と「抽象」を往復することで、発想が豊かになり、コミュニケーション・ギャップも解消！ そんな思考法をクイズとともに紹介。

定価 本体八九〇円（税別）